우리, 언제까지 거짓에 속을 것인가?

우리, 언제까지 거짓에 속을 것인가?

2025년 2월 20일 초판 1쇄 펴냄

지은이 돈 미겔 루이스
옮긴이 이현주
다듬은이 김수진
펴낸이 김경섭
펴낸곳 도서출판 **삼인**
전화 (02) 322-1845
팩스 (02) 322-1846
이메일 saminbooks@naver.com
등록 1996년 9월 16일 제25100-2012-000045호
주소 (03716) 서울시 서대문구 성산로 312 북산빌딩 1층

디자인 디자인 지폴리
제작 수이북스

ISBN 978-89-6436-275-4 03100

우리,
언제까지
거짓에 속을
것인가?

내면의 소음을 넘어
진정한 나를 찾는 톨텍의 지혜

돈 미겔 루이스 지음
이현주 옮김

삼인

온 세상에 진실의 메시지를 전할 수 있도록 도와준
천사들에게 이 책을 바칩니다.

| 차례 |

옮긴이의 말

"우리는 대한민국의 아들 딸, 죽음으로써 나라를 지키자."

초등학교 시절에 들은 말이다.

"우리는 민족중흥의 역사적 사명을 띠고 이 땅에 태어났다. 반공을 국시로 삼고…"

대학생 시절에 들은 말이다.

"너는 안경 같은 목사가 되어야 한다. 교인들 눈에 너 자신은 보이지 않고 너 때문에 예수님만 잘 보이는 그런 목사가 되어야 한다. 그러므로 네가 할 일은 오로지 너 자신을 맑고 투명하게 닦아내는 일이다."

목사 안수 받을 무렵 내가 나한테 들려준 말이다.

알고 보니 모두가 거짓말이었다. 이 인간은 대한민국의
아들이 아니라 하느님의 아들이었다. 민족중흥과는 아무 상
관없는 존재였다. 그에게 처음부터 민족이라는 게 없었기
때문이다. 안경처럼 투명한 목사가 되겠다는 생각은 근사했
지만, 제가 저를 맑게 닦아야 하는 건 아니었고, 그럴 수 있
는 것도 아니었다.

말하자면 이런 식으로 남이 주었든 제가 만들었든 거짓
말일 뿐인 말, 말, 말에 속아서 이래야 한다, 저래야 한다, 이
러면 안 된다… 자신과 세상을 속이며 살아온 여든 인생이
었다.

간혹 "너, 아무것도 아니다.", "네가 뭘 안다고 앞장서겠다
는 거냐? 물러서라.", "너를 죽여야 네가 산다." 이런 말을 듣
지 않은 건 아니지만, 그야 지당한 말씀이라 한 옆으로 밀쳐
두고, 세상과 자기가 들려준 거짓말에 매달려 열심히도 살

아왔다. 그러다가 만난 책이 이 책이다. 저자가 책을 세상에
낸 지 십년 세월이 훌쩍 지난 뒤였다. 이 인간에게는 우연이
아니었다.

경기도 광주의 지금여기교회 강대상에는 렘브란트의 그
림 〈돌아온 탕자〉가 큼지막하게 걸려있다. '빛의 화가'라는
별칭으로 불릴 만큼 렘브란트의 그림에는 눈부신 빛이 숨
어있다. 빛이 숨는다는 건 있을 수 없는 말이지만, 그렇게
표현하는 것이 렘브란트의 그림에서는 오히려 적절하다.
〈돌아온 탕자〉만 해도 빛을 보여주는 노란색 계통보다 어둠
을 보여주는 검정색 계통의 물감이 캔버스의 훨씬 더 많은
부분을 차지하고 있다. 말하자면 한 폭의 빛을 보여주려고
일곱 폭의 어둠으로 캔버스를 덮는다는 얘기다. 어둠은 나
쁜 게 아니다. 그로써 빛이 살아나기 때문이다.

톨텍 전도사 돈 미겔 루이스는 태초에 아담을 속였던 추락한 천사의 거짓말이 어떻게 인류의 유산으로 상속되어 온갖 불의와 분쟁과 갈등을 초래하는지를 간단명료하게 해설한다. 하지만 거짓은 나쁜 게 아니다. 그로써 진실이 살아나기 때문이다. 어두운 그림자가 밝은 빛을 보여주듯이, 세상의 이런저런 혼란과 불행과 갈등은 누가 참 사람인지, 진실과 사랑이 얼마나 소중한지를 보여주고 있다.

오래전, 명상도중에 뜬금없이 "너는 완벽한 존재다."라는 말씀에 "아닙니다. 제가 얼마나 부족한지 잘 알고 있습니다."라는 말로 거절한 적이 있다. 이 책을 옮기던 어느 날, 다시 한 말씀 들린다. "너는 완벽한 사람이다." 이번에도 쉽게 "예, 그렇습니다." 대꾸하지 못하고 머뭇거리는데 이어서 말씀하신다. "내가 만든 너는 완벽하게 완벽하지만, 네가 만든 너는 완벽하게 모자란다. 내가 만든 너와 네가 만든 너, 이 둘 중에서 어느 너로 살겠느냐?" 대화가 명료해진다. "그야 새삼 말씀드릴 것 있겠습니까? 당연히 제가 만든 저가 아니라 당신이 만드신 저로 살아야지요. 그런데 제 힘으로 그럴 수 없다는 것을 잘 알고 있습니다.", "그래서 내가 너로 살게 해달라는 것 아니냐? 그것이 너와 나의 본연本然이다.", "아멘."

이 책의 저자도 말한다. "당신의 몸은 완벽해지는 법을 따로 배울 필요가 없다. 처음부터 완벽하기 때문이다." 비로소 알겠다. 완벽한 것은 사람이 아니라 사람의 몸이라는 것을. 사람 몸은 곧 하늘 말씀이다. 완벽한 자연이다. 그래서 인간의 최고 스승이다. 누구든 자기 몸처럼만 산다면 성인군자가 될 수밖에 없을 것이다.

혼자 읽다가 이 달콤하고 신선한 맛을 여러 사람과 나누고 싶어서 삼인출판사에 부탁하여 이런 모양의 책으로 나오게 되었다. 이번에도 수진이 원문을 대조하여 잘못 옮긴 부분을 바로잡고 빠뜨린 대목을 채워주었다. 언제나 그렇듯이 마냥 고마울 따름이다.

　짧지 않은 세월 여러 책을 번역하며 살고 있다. 그때마다 참된 글이 사람을 먹여 살리는 양식이라는 진실을 온몸으로 실감한다. 아하, 누군지 알 수 없는 그분이 오늘도 이 몸으로 이렇게 사시는 것인가? 감개가 사무친다.

　저자의 마지막 한 마디가 독자들에게서 그대로 실현되기를 바라는 마음으로 후기를 마친다.

　"우리 인생은 하나의 이야기다. 우리 인생은 하나의 꿈이다. 하늘나라는 우리 마음속에 있다. 우리가 본연의 자기로 돌아가서 사랑과 진실로 살기를 선택하면 거기가 하늘나라다. 우리 삶이 두려움과 거짓의 지배를 받아야 할 이유가 없다. 누구든 자기 이야기를 다시 통제할 수 있게 되면 영혼의 예술가로서 자기 인생을 가능한 아름답고 참되게 창조할 자유를 행사하게 된다. 모든 사람이 진실이신 하느님께로 돌아간다는 걸 알고 그렇게 믿으면, 그동안 믿었던 모든 거짓말이 우스운 농담이 되고 만다. 우리 이야기 속에 들어있는 거짓말은 중요치 않다. 중요한 것은 이 현실에서 우리의 시간을 즐기는 것, 살아있는 동안 행복을 누리는 것이다."

순천에서, 무무无無

| 톨텍 |

　수천 년 전 '톨텍Toltec'은 남부 멕시코에서 '지식(Knowledge)
있는 남자와 여자'로 알려져 있었다. 인류학자들은 톨텍을 하나
의 민족이나 종족이라고 말해왔지만, 사실 톨텍은 고대의 영적
지식과 수련법을 지키고 발전시켜온 과학자와 예술가들의 사회
였다. 그들은 '사람이 하느님 되는' 장소로 알려진 멕시코시티 교
외의 고대도시 '테오티우아칸Teotihuacán'에서 스승(나구알)과 제
자 신분으로 함께 살았다.

　수천 년 세월이 흘러 '나구알Nagual'들은 고대의 지혜를 감추
고, 그 실체를 어둠 속에 묻어두어야 했다. 유럽에서 온 정복자들
과 인간의 힘을 함부로 휘두르는 소수의 초심자들이 개인적 이
익을 위해 오용하지 못하도록, 아직 제대로 사용할 준비가 되어
있지 않은 사람들로부터 그것을 보호할 필요가 있던 것이다.

　다행히도 톨텍의 비밀스러운 가르침은 여러 '나구알' 학파들
을 통해서 대대로 구현되고 전수되어왔다. 고대의 예언자들 또
한 이 지혜가 비록 수백 년 베일에 싸여 있었다 해도 언제고 때
가 되면 사람들에게 다시 돌아오리라고 말한 적이 있다.

　세계 각처에서 발견되는 비교秘教 전승이 모두 그렇듯, 톨텍
의 지식도 같은 근본 진리의 바탕에서 나온 것이다. 톨텍은 이
땅에서 사람들을 가르치는 모든 영적 스승들을 존중한다. 한편

으로 영성을 포함하지만 언제 어디서나 사람들에게 행복과 사랑을 안겨줄 준비가 되어있는 삶의 방식이 톨텍이라고 말하면 좀더 정확한 설명이 되겠다.

이 책의 저자 돈 미겔 루이스Don Miguel Ruiz는 '독수리 기사騎士' 학파 출신의 '나구알'로서 톨텍의 가르침을 전하는 안내자이다. 톨텍의 전통 안에서 나고 자랐지만 젊은 시절 방황을 통해 톨텍의 가치를 새롭게 발견한 뒤로, 아름다운 톨텍의 지혜를 일상적 언어로 쉽게 풀어주는 일을 사명으로 여기고 있다. 이제 두려움과 거짓에서 벗어나 사랑과 진실로 인생의 이야기를 써 내려가며 지금 여기서 행복해지는 비결, 톨텍의 지혜에 귀 기울여볼 시간이다. 진짜인 것이 진짜다.

진짜가 아닌 것은 진짜가 아니다.
진짜처럼 보이는 가짜다.
사랑은 진짜다.
더없이 높은 생명의 표현이다.

제1장

아담과 하와

다른 관점에서 본
이야기

　아담과 하와 이야기는 거의 모든 사람이 한번은 들었을 아름다운 고대 전설이다. 내가 좋아하는 이야기 가운데 하나이기도 하다. 이제부터 말하려는 내용을 상징으로 들려주고 있기 때문이다. 아담과 하와 이야기는 절대 진실에 바탕을 두었지만 어린아이인 나로서는 전혀 알지 못했던 이야기다. 그것은 가장 위대한 가르침 가운데 하나다. 하지만 내가 보기에 사람들 대부분이 잘못 이해하고 있다. 이제부터 아담과 하와 이야기를 다른 관점에서, 어쩌면 처음 이야기를 만든 사람의 관점에서 말해보겠다.

　아담과 하와 이야기는 당신과 나에 관한 이야기다. 우리 이야기다. 모든 인간에 관한 이야기다. 인간은 살아있는 유일한 존재, 남자와 여자다. 우리는 하나다. 이 이야기에서 우리는 자기 자신을 아담과 하와로 부른다. 우리는 원초 인간들(original humans)이다.

이야기는 우리가 '영靈의 눈'을 감기 전, 아직 순진했을 때 시작된다. 그때 우리는 에덴동산이라는 낙원에 살고 있었다. 땅 위의 하늘나라였다. 우리가 영靈의 눈을 뜨면, 그때 하늘나라가 있다. 거기는 평화와 기쁨, 자유와 영원한 사랑이 있는 곳이다.

우리, 아담과 하와에게는 모든 것이 사랑이었다. 우리는 서로 사랑했고 다른 모든 피조물과 완벽하게 어울려 살았다. 우리를 지으신 하느님과 우리 사이는 온전한 사랑의 관계였다. 언제 어디서나 우리는 하느님과 통교했고, 하느님은 우리와 통교하셨다. 우리를 지으신 하느님을 무서워한다는 건 생각도 할 수 없는 일이었다. 우리를 지으신 하느님은 사랑과 의로움의 하느님이셨고, 우리는 그분을 믿고 의지했다. 하느님은 우리에게 완전한 자유의지를 주셨고, 우리는 그 자유의지로 모든 피조물을 사랑하고 즐겼다. 삶은 낙원 안에서 아름다움으로 가득했다. 최초의 인간은 모든 것을 진실의 눈으로 있는 그대로 보았고, 그것을 사랑했다. 그렇게 살았고, 노력 없이 저절로 그리 되었다.

　그런데 전설은 낙원 복판에 나무가 두 그루 있었다고 말한다. 하나는 존재하는 모든 것을 살려주는 '생명나무(the Tree of Life)', 다른 하나는 '지식나무(the Tree of Knowledge)'로 알려진 '죽음나무(the Tree of Death)'였다. '지식나무'는 달콤한 열매가 맺히는 무척 아름답고 매혹적인 나무였다. 하느님이 우리에게 말씀하셨다. "지식나무에 가까이 가지 마라. 그 나무 열매를 먹으면 죽는다."

　"물론이죠, 그러고 말고요." 하지만 우리는 본성이 궁금한 것 탐색하기를 좋아하는지라 결국 그 나무를 찾아갔다. 아담과 하와 이야기를 이미 알고 있다면 당신은 그 나무에 무엇이 살고 있었는지 짐작할 것이다. '지식나무'는 독 있는 뱀이 사는 집이었다. 그 독사는 톨텍이 말하는 '기생충'의 다른 상징이다.

　전설이 말하기를 '지식나무'에 사는 그 뱀은 하늘에서 가

장 아름다운 천사였는데, 추락한 천사였다. 알다시피 천사
는 하느님의 메시지, 진실과 사랑의 메시지를 전하는 메신
저다. 하지만 어쩐 일인지 추락한 천사는 더 이상 진실을 전
하지 않았다. 그러니까 그가 그릇된 메시지를 전하게 되었
다는 말이다. 추락한 천사가 전하는 메시지는 사랑 아닌 두
려움, 진실 아닌 거짓이었다. 실제로 이야기는 그 추락한 천
사를 '거짓의 왕자(the Prince of Lies)'로 묘사한다. 달리 말
해서, 그가 영원한 거짓말쟁이라는 얘기다. 그 입에서 나오
는 모든 말이 거짓말이다.

　이야기에 따르면, '거짓의 왕자'가 살던 나무에서는 지식
이라는 열매가 맺혔는데, 온통 거짓으로 오염된 열매였다.
우리는 그 나무로 가서 거짓의 왕자와 도저히 믿기지 않는
대화를 나누었다. 우리는 순진했다. 아무것도 몰랐다. 모든
것을 믿었다. 그런데 거짓의 왕자, 첫 번째 이야기꾼, 아주
교활한 친구가 거기 있었다. 이제부터 이야기가 꽤나 흥미
로워진다. 뱀은 저만의 완벽한 이야기를 지니고 있었기 때

문이다.

추락한 천사는 말하고 또 말하고 또 말하고, 우리는 듣고 또 듣고 또 들었다. 알다시피 어린아이들은 할아버지가 이야기를 들려줄 때 하나도 빠뜨리지 않으려고 귀를 기울인다. 우리는 배운다. 그리고 무언가를 배운다는 건 상당히 매력적인 일이다. 우리는 더 많이 알고 싶다. 하지만 여기서 말을 하는 건 '거짓의 왕자'였다. 그는 거짓말을 했지만 우리는 의심하지 않았고, 오히려 말려들었다. 우리는 추락한 천사가 들려주는 이야기를 믿었고, 그것이 우리의 큰 잘못이었다. 지식나무의 열매를 먹었다는 게 바로 그 얘기다. 우리는 그의 말에 동의했고, 그것을 '진실'로 받아들였다. 우리는 거짓말을 믿었고, 심지어 거의 확신하게 되었다.

사과를 한 입 베어 물었을 때 우리는 지식과 함께 거짓을 삼켰다. 거짓을 먹으면 무슨 일이 일어나는가? 우리는 그 말을 믿는다. 그리고 쾅! 마침내 거짓이 우리 속에 살게 되는 것이다. 이는 이해하기 어렵지 않다. 사람의 마음은 개

념, 아이디어, 견해 같은 것들이 자라기에 적당히 기름진 밭
이다. 누가 거짓말을 하고 우리가 그 말을 믿으면, 그것은
우리 속에 뿌리를 내린다. 그리고 한 그루 나무처럼 크고 강
하게 자라난다. 우리가 작은 거짓말 하나를 듣고 남에게 옮
기면, 그것은 대단히 전염성이 강해서 이 사람한테서 저 사
람한테로 종자를 퍼뜨린다. 자, 이렇게 거짓말이 우리 마음
속으로 들어와 우리 머리에 지식나무를 번식시키면, 그것이
우리가 아는 전부가 되는 것이다. 그러나, 그렇게 해서 우리
가 알게 된 것들이 무엇인가? 거의 모두 거짓이다.

　지식나무는 강력한 상징이다. 전설은 누구든 지식나무
열매를 먹으면 선과 악, 옳은 것과 그른 것, 아름다운 것과
추한 것을 알게 된다고 말한다. 그들은 온갖 지식을 수집하
고 그것으로 판단을 시작한다. 사과가 상징하는 것은 모든
개념, 모든 거짓말이 그 속에 씨가 들어있는 열매 같다는 것
이다. 열매 하나를 옥토에 심으면 그 열매의 씨앗은 또 다른
나무로 자란다. 그 나무는 더 많은 열매를 맺고, 우리는 그

열매로 나무를 알아본다.

　지금 우리는 저마다 자신의 지식나무가 있고, 그것이 각자의 믿음체계를 이룬다. 그 지식나무는 우리가 믿는 모든 것으로 구성된다. 모든 개념, 모든 견해가 그 나무의 작은 가지를 이루다가 마침내 전체 지식나무로 자라난다. 그 나무가 마음속에 자리를 잡으면서 우리는 추락한 천사가 큰 소리로 말하는 걸 듣게 된다. 바로 그 추락한 천사, 거짓의 왕자가 우리 마음에 사는 것이다. 톨텍의 관점으로 보면 기생충이 열매 속에 살고 있었는데, 우리가 그 열매를 먹자 기생충이 우리 속으로 들어온 것이다. 바로 그 기생충, 이야기꾼이 우리 머릿속에서 태어나 살고 있는 것은, 우리가 자신의 생각과 믿음으로 그것을 먹여 살리기 때문이다.

　아담과 하와 이야기는 인간이 어떻게 하늘나라에서 지옥으로 추락했는지, 어쩌다 우리가 지금 이 모양으로 살게 되었는지를 말하고 있다. 이야기는 우리가 사과를 한 입 베어 문 것으로 되어있지만 진실은 그렇지 않다. 나는 우리가 그

나무의 열매를 전부 다 먹었고, 그래서 온갖 거짓과 감정의 독소로 가득한 환자가 되었다고 생각한다. 사람들은 거짓말쟁이가 들려준 온갖 개념, 견해, 이야기를 먹었다. 하지만 그것들은 진실이 아니었다.

바로 그 순간 우리는 '영(靈)의 눈'을 감았고, 그래서 더는 진실의 눈으로 세상을 볼 수 없게 되었다. 우리는 세상을 완전 다른 방식으로 보기 시작했고, 모든 것이 달라졌다. 머릿속에서 자라는 지식나무 덕분에 우리는 다만 지식과 거짓밖에 인식할 수 없었다. 거짓은 하늘나라에 있을 자리가 없기 때문에 우리는 더 이상 하늘나라에 살 수 없었다. 이렇게 해서 인간이 낙원을 잃은 것이다. 우리는 거짓을 꿈꾼다. 거짓에 바탕을 둔 인류 전체의 꿈을 개인적으로 집단적으로 만들어내고 있다.

지식나무 열매를 먹기 전에 우리는 진실하게 살았다. 진실만을 말했다. 두려움 없는 사랑으로 살았다. 열매를 먹은 뒤로 우리는 죄의식과 수치심을 느끼게 되었다. 더 이상 자

신이 충분하지 않다고 판단했고, 남들도 같은 방식으로 판
단했다. 온갖 판단과 양극단과 분열이 생겨났고, 누구를 벌
하거나 누구한테서 벌 받을 필요가 생겨났다. 난생 처음 우
리는 서로에게 친절하지 않게 되었고, 하느님의 온갖 피조
물을 존중하지도 사랑하지도 않게 되었다. 고통이 우리를
찾아왔고, 우리는 자기를 원망하거나 남들을 탓하다가 이내
하느님을 비난하기에 이르렀다. 더 이상 우리를 사랑하시는
공의로우신 하느님을 믿지 않고, 우리를 책망하고 벌하는
하느님을 믿었다. 그건 거짓이었다. 참이 아니었다. 하지만
우리는 그렇게 믿었고, 자신이 하느님으로부터 떨어져 나왔
다고 생각했다.

　이런 관점으로 보면 이른바 '원죄原罪'라는 것이 쉽게 이
해된다. 원죄는 섹스가 아니다. 그것은 또 다른 거짓말이다.
지식나무에 사는 뱀, 추락한 천사의 거짓말을 믿는 것이 원
죄다. '죄'라는 말의 뜻은 '거스르다'이다. 우리가 자신을 거
슬러 하는 모든 말과 행위가 바로 죄다. 범죄란 누구를 해치

거나 윤리에 어긋나는 행위가 아니다. 거짓말을 믿고, 그 거
짓말로 자기를 거스르는 게 범죄다. 바로 그 첫 번째 죄에
서, 그 원초적인 거짓말에서 다른 모든 죄들이 파생된다.

　당신은 머리한테서 얼마나 많은 거짓말을 듣고 있는가?
그렇게 판단하고, 말하고, 그런 견해를 지닌 것은 누구인가?
누군가를 사랑하지 못한다면 목소리가 그를 사랑하지 말라
고 했기 때문이다. 인생을 즐기지 못한다면 목소리가 인생
을 즐기지 말라고 했기 때문이다.

　그뿐이 아니다. 머릿속 거짓말쟁이는 자신의 온갖 거짓
말을 밖으로 드러내야 한다. 그래서 제 이야기를 끊임없이
늘어놓는다. 우리가 그 열매를 사람들에게 나눠주면, 그들
한테도 같은 거짓말쟁이가 있기 때문에 함께 더 강력한 거
짓말을 만들어낸다. 이제 우리는 더 많이 미워하고 더 큰 상
처를 입힐 수 있다. 자기 거짓말을 옹호하면서 그 거짓말의
광신자가 된다. 마침내 사람들은 온갖 거짓의 이름으로 서
로를 파멸시킬 수도 있게 되었다. 누가 우리 인생을 살고 있

는가? 누가 우리의 선택을 하고 있는가? 답은 뻔하다.

이제 우리는 자기 머릿속에서 무슨 일이 일어나고 있는지 알게 되었다. 이야기꾼이 거기에 있다. 우리 머릿속 목소리가 그 이야기꾼이다. 목소리는 말하고 또 말하고 다시 말하고, 우리는 듣고 또 듣고 다시 들으며 그 모든 말을 믿는다. 목소리는 결코 판단하기를 멈추지 않는다. 우리가 하는 모든 일, 우리가 하지 않는 모든 일, 우리가 느끼는 모든 일, 우리가 느끼지 않는 모든 일, 다른 누가 하는 모든 일을 닥치는 대로 판단한다. 끝도 없이 우리 머릿속에다 속삭인다. 그 목소리에서 나오는 것은 거짓말, 거의 모두 거짓말이다.

이 거짓말이 마음을 사로잡으면 우리가 볼 수 있는 것은 전부 가짜뿐이다. 그래서 같은 시간 같은 공간에 존재하는 하늘나라 현실을 보지 못하는 것이다. 하늘나라는 본디 우리 것이다. 우리는 하늘의 자식들이기 때문이다. 머릿속의 거짓말은 우리 것이 아니다. 세상에 태어날 때 우리에게는 그 목소리가 없었다. 그것이 우리 머릿속으로 들어온 것은 우리가 먼저 말을 배우고, 서로 다른 견해들을 배우고, 또 온갖 판단과 거짓말을 배운 다음의 일이다. 말을 처음 배울 때만 해도 우리는 진실만을 말한다. 하지만 차츰차츰 머릿속에서 '지식나무'가 자라면, 마침내 큰 거짓말이 우리 삶의 꿈을 온통 집어삼키고 마는 것이다.

알다시피, 우리는 하느님한테서 떨어져 나온 그 순간부터 하느님을 찾기 시작했다. 처음으로 자기한테 없다고 믿었던 사랑을 찾아 나선 것이다. 그렇게 정의, 아름다움, 진실을 찾아 나섰다. 탐색은 수천 년 전에 비롯되었고, 사람들은 아직도 잃어버린 낙원을 찾고 있다. 우리가 거짓말을 믿기 전에 지녔던 순수하고 진실하고 사랑스럽고 기쁨으로 충만한 모습을 찾고 있다. 그러나 사실 우리가 찾는 것은 바로 '참 자아(our Self)'다.

'지식나무' 열매를 먹으면 죽는다는 하느님의 말씀은 참말이었다. 우리는 그 열매를 먹었고, 그래서 죽었다. 우리의 참 자아가 더 이상 존재하지 않기 때문에 죽은 것이다. 우리

속에 살고 있는 것은 엄청난 거짓말쟁이, 거짓의 왕자, 머릿속 목소리다. 그것을 '생각'이라고도 부를 수 있다. 나는 그것을 '지식의 목소리'라고 부른다.

◆ 사람의 마음은 온갖 개념, 아이디어, 견해들이 가득한 기름진 밭이다. 누가 우리에게 거짓을 말하고 우리가 그것을 믿으면, 그 거짓이 우리 마음에 뿌리를 내리고 자라 한 그루 나무처럼 강해진다. 거짓말은 전염성이 아주 강해서 우리가 그것을 남들에게 퍼뜨리면 이 사람한테서 저 사람한테로 종자를 번식시킨다.

◆ 지식(knowledge)이 우리 마음에 들어오면 머릿속에서 자가 증식하고, 그것이 우리가 아는 전부가 된다. 그 모든 머릿속 지식으로 우리는 자기가 믿는 것과 자기가 아는 것만 인식한다.

그렇게 해서 우리가 아는 것은 무엇인가? 대개 거짓말이다.

◆ 일단 '지식나무'가 마음에서 자라나면 우리는 추락한 천사의 말을 듣게 된다. 그 목소리는 결코 판단을 멈추지 않는다. 무엇이 옳고 무엇이 그른지, 무엇이 아름답고 무엇이 추한지를 끊임없이 우리에게 말해준다. 이야기꾼이 우리 머릿속에서 태어나 거기에 살고 있는 것은 우리가 믿음으로 그를 먹여 살리기 때문이다.

◆ 하늘나라는 우리가 '영靈의 눈'을 뜨고 진실의 눈으로 세상을 볼 때 존재한다. 거짓에 시선을 빼앗기면 영靈의 눈은 감긴다. 그 결과 하늘나라에서 추락해 지옥에서 살게 된다.

◆ 하늘나라는 본디 우리 것이다. 우리가 하늘의 자식이기 때문이다. 머릿속 목소리는 본디 우리 것이 아니다. 우리가 태어날 때는 그 목소리가 없었다. 먼저 말을, 그 다음에 여러 다른 견해

와 온갖 판단과 거짓말을 배운 뒤에 '생각'이 온다. 우리가 지식을 축적하는 만큼 지식의 목소리가 다양하게 들려온다.

◆ 지식에 따라오는 거짓말을 먹기 전, 우리는 진실 안에서 산다. 진실만을 말한다. 아무 두려움 없이 사랑하며 산다. 일단 지식이 생기면 스스로를 더 이상 충분하지 않다고 판단하며, 죄의식과 수치심을 느끼고, 벌을 받아야 한다고 생각한다. 그렇게 거짓을 꿈꾸고 하느님한테서 분리된다.

◆ 우리는 하느님한테서 떨어져 나온 순간 하느님 찾기를 시작한다. 우리에게 없다고 믿는 사랑을 찾기 시작한다. 사람들이 거짓을 믿기 전에 지녔던 정의, 아름다움, 진실을 끊임없이 찾는 것이다. 우리가 찾는 것은 우리의 '참 자아'다.

제2장

할아버지를
방문했던
그날에

단순한 진실이
밝혀지다

나는 톨텍이라는 고대 전승 안에서 배우며 자란 것을 행운으로 여긴다. 어머니는 위대한 치료사였고, 내가 기적을 목격하는 건 특별한 일이 아니었다. 기적이라고 밖에는 달리 아는 게 없었으니까. 나는 모든 것이 가능하다고 믿으며 자랐다. 그러나 내가 톨텍에서 배운 것은 미신과 신화로 가득 찬 것이었다. 나는 여기저기서 미신적 관습을 보았고 십대소년이 되자 오랜 전승의 거짓말에 저항하기 시작했다. 나는 경험을 통해 진실에 눈뜨기 전까지 매사에 의심하는 법을 배웠다. 나는 고대 톨텍에서 배운 것이 논리에 맞지 않는다는 것을 알았다. 하지만 알고 있는 것을 말로 설명할 수는 없었다.

이 책에서 나는 그런 내 관점을 완전히 바꿔놓은 지난날의 경험을 들려드리고 싶다. 그 경험에서 나는 언제나 분명

했지만 그때까지 한번도 보지 못했던 무엇을 깨칠 수 있었다. 어쩌면 여기서 들려드리는 이야기가 실제로 일어난 일 그대로는 아닐 수도 있다. 하지만 나는 그 일을 그렇게 겪었고, 그렇게 설명한다. 어쩌면 당신도 나처럼 그동안 믿어온 것이 거의 진실이 아님을 깨달은 순간이 있었을 것이다. 진실을 깨칠 기회는 항상 우리를 찾아오고, 나의 생애는 그런 기회로 가득했다. 그 가운데 많은 것들을 놓쳐버렸지만, 어떤 것들은 내게 '영靈의 눈'을 뜨고 인생의 큰 변화를 경험하게 해주었다.

그 기회 중 하나는 대학에 갓 입학한 십대소년으로 할아버지를 방문했을 때였다. 사람들은 할아버지를 '나구알'이라고 불렀다. 나구알은 샤먼 비슷한 사람이다. 그때 할아버지는 아흔에 가까운 연세였는데, 그분에게 무엇을 배우거나 그냥 곁에 있고 싶어서 찾아오는 사람들이 줄을 잇고 있었다. 나는 어려서부터 할아버지에게 배웠고, 그분의 인정을 받으려고 나름대로 열심이었다.

　　그런데 드디어, 내가 학교에서 배운 모든 지식으로 할아
버지의 미신을 계몽해드릴 기회가 온 것이었다. 나는 내 삶
에 가장 큰 영향을 주신 분에게 내가 얼마나 똑똑한지 보여
드릴 준비가 되어있었다. 만만치는 않겠지만. 할아버지 댁
에 도착하자 할아버지는 언제나 그랬듯이 커다란 웃음과
사랑으로 나를 맞아주셨다. 나는 이 세상의 온갖 부조리, 가
난과 폭력, 소위 '선善'과 내가 '악惡'이라고 보는 것 사이의
투쟁에 대한 견해를 할아버지께 피력하기 시작했다.

　　할아버지는 끈기 있게 내 말을 귀담아 들어주셨다. 나는
더욱 용기를 얻어 내 생각으로 그분을 납득시키려 했다. 어
느 순간 나는 할아버지 얼굴에 작은 웃음꽃이 피어나는 것
을 보았다. 아! 알 것 같았다. 내 말이 전혀 납득되지 않으셨
던 것이다. 속으로 생각했다. '할아버지가 나를 가지고 노시
는구나.' 할아버지는 내 안색을 눈치 채시고 내 눈을 똑바로
들여다보며 이르셨다. "그래, 미겔, 그게 네가 배운 훌륭한
이론이구나. 하지만 그것들은 그냥 이론일 뿐이다. 네가 방

금 말한 모든 것이 하나의 이야기인데, 그게 진실은 아니지."

물론 나는 이 대목에서 좀 불편했다. 나는 내가 옳다 여겼고, 그래서 내 견해를 옹호하고 싶었다. 하지만 이미 늦었다. 할아버지가 말씀을 시작하셨기 때문이다. 할아버지는 나를 보고 환하게 웃으며 말씀하셨다. "알다시피 세상사람 대부분은 우주에 큰 갈등이 있다고, 선과 악 사이에 투쟁이 있다고 믿는다. 음, 그런데 그건 진실이 아니야. 갈등이나 투쟁이 있는 건 사실이지만, 그건 우주가 아니라 사람들 마음에만 있는 거란다. 식물이나 동물한테는 없어. 별들이나 나무들한테, 다른 자연에도 역시 없지. 오직 사람한테만 있어. 그리고 사람들 사이의 갈등도 선과 악 사이에서 벌어지는 게 아니다. 우리 마음속에 있는 진짜 갈등은 진실인 것과 진실이 아닌 것 사이의 갈등이야. 선과 악은 바로 그 갈등의 열매일 뿐이고. 진실에 대한 믿음의 열매는 선(善)이고 사랑이고 행복이다. 네가 진실 안에서 살면 기분이 좋고 네 인생은 놀라워지지. 거짓을 믿고 그것을 지키다보면 네가 '악'

이라고 말하는 열매를 거두게 되고, 그것이 광신주의를 낳는 거야. 거짓에 대한 믿음이 온갖 불의와 폭력과 착취와 고통을 사회뿐만 아니라 개인들에게도 안겨주는 거지. 우주는 그냥 저 있는 그대로, 또는 있지 않은 그대로 단순해. 사람들이 온갖 문제를 만들어 스스로 복잡해지는 거란다."

흐음…, 할아버지 말씀은 논리적이었고 나는 그 뜻을 알아들었다. 하지만 그 말을 믿지는 않았다. 세상의 저 모든 갈등과 전쟁과 폭력과 불의가 어떻게 그토록 간단한 원인의 결과란 말인가? 분명 그보다 훨씬 복잡한 것이어야 한다.

할아버지가 말씀을 계속하셨다. "미겔, 네가 살면서 아프게 겪는 이런저런 드라마가 모두 거짓말, 특히 너 자신에 대한 거짓말이 맺은 결과란다. 그리고 네가 믿는 첫 번째 거짓말은 네가 무엇이 '아니다'라는 거야. '나는 내가 마땅히 되어야 할 그 사람이 아니다, 나는 충분하지 않다, 나는 완전하지 못하다!' 하지만 우리는 완전하게 태어났고, 완전하게 자랐고, 완전하게 죽을 거다. 왜냐하면 세상엔 오직 완전한 것만 존재하니까. 네가 완전하지 못하다는 것, 아무도 완전하지 않다는 것이야말로 커다란 거짓말이야. 그 때문에 너는 결코 이룰 수 없는 완전한 인간의 이미지를 찾아 나서게 되었지. 하지만 그렇게는 절대로 완전함에 이르지 못할 게다. 그 이미지라는 게 처음부터 거짓이거든. 거짓말이야. 그런데 너는 그 거짓말을 믿고, 그것을 지탱하려고 전체 구조를 세우려 하는구나."

그날 나는 할아버지가 나에게 소중한 기회를 주셨다는 사실을 알지 못했다. 그것은 내 인생의 모든 드라마가, 살면서 겪었던 온갖 고통이 내가 거짓말을 믿었기 때문이라는 간단한 사실에 눈뜰 기회였다. 할아버지 말씀을 믿고 싶긴 했지만, 내가 한 일이란 그냥 믿는 척하는 것이었다. 그 말씀이 너무나 논리적이었기에 나는 말했다. "아, 예. 할아버지 말씀이 옳아요. 동의합니다." 하지만 거짓이었다. 그토록 간단한 진실을 받아들이기에는 내 머리가 너무 많은 거짓으로 가득 차 있었던 것이다.

할아버지는 자상한 눈으로 나를 바라보며 말씀을 이어가
셨다. "미겔, 네가 나를 설득해보려고, 네가 충분히 옳다는
사실을 증명해보려고 애쓰고 있다는 거 잘 안다. 그런데 네
가 그러는 건, 너 자신이 충분하지 않다고 생각하기 때문이
야." 아차! 정곡을 찔렸다. 영문은 알 수 없지만, 할아버지가
내 거짓말을 알아채셨다는 것을 느꼈다. 나의 불안과 자기
심판과 자기거부와 죄의식과 수치심을 할아버지가 꿰뚫고
계실 줄은 전혀 몰랐다. 내가 그런 척하고 있다는 걸 할아버
지는 어떻게 아셨을까?

할아버지가 다시 웃으며 말씀하셨다. "미겔, 네가 학교에
서 배운 모든 것, 네가 삶에 대해 알고 있는 모든 것이 하나
의 지식일 뿐이야. 네가 배운 것들이 진실인지 아닌지를 어
떻게 알지? 너 자신에 대해 알고 있는 게 진실인지 어떻게
알 수 있느냔 말이다." 내가 말씀드렸다. "당연히 저 자신에
대한 진실을 알죠. 날마다 저 자신과 살고 있으니까요. 저는
제가 누군지 압니다!" 할아버지가 다시 웃으며 말씀하셨다.

"네가 너의 참 자아에 대해 아무것도 모른다는 것, 다만 너 '아닌' 무엇을 너로 알고 있다는 것, 이게 진실이다. 너는 오랫동안 너 '아닌' 무엇으로 살아왔어. 네가 너로 알고 있는 건, 네가 만든 너의 '이미지'란다. 네가 너인 줄 아는 그 모든 것을 진실이라 믿고 살아온 거야. 그건 그냥 하나의 이야기란다. 그것도 진실이 아닌!

미겔, 너를 강하게 만드는 건 네 믿음이다. 믿음은 모든 사람한테 있는 창조의 힘이지. 종교하고는 아무 상관없어. 믿음은 동의同意(agreement)의 결과야. 무언가에 대해 조금도 의심 없이 믿기로 동의할 때, 그때 믿음이 생기는 거다. 비록 거짓이라 해도 네가 믿는 것을 조금도 의심하지 않으면, 그것이 너에게는 진실인 거야. 네 믿음은 너무나 강해서, 네가 너를 모자란 사람이라고 믿으면 너는 모자란 사람인 거다. 실패할 거라고 믿으면 너는 실패할 거야. 그게 바로 믿음의 힘이거든. 아까도 말했지만 네가 고통을 겪는 건 네가 거짓말을 믿기 때문이야. 간단해. 사람들이 저렇게 힘들게 사는 건, 다들 집단으로 거짓말을 믿기 때문이지. 사람들은 수천 년 세월 거짓말 속에서 살아왔고, 그래서 지금 우리가 증오로, 분노로, 폭력으로 그 온갖 거짓말에 반응하는 거다. 하지만 그 모두가 거짓말일 뿐이야."

　나는 궁금했다. "그러면 우리는 어떻게 진실을 알 수 있어요?" 하지만 내가 소리 내어 묻기 전에 할아버지가 대답하셨다. "진실이란 경험으로 아는 거란다. 사람들은 아는 것을 설명하고 표현해야 한다지만, 일단 진실을 알게 되면 그것을 설명할 말이 없어. 누가 '이것이 진실이다'라고 말한다면, 그 사람은 자기도 모르게 거짓말하고 있는 거다. 우리는 느낌으로 진실을 감지感知하지만, 말로 설명하는 순간 진실은 망가지고 더 이상 진실이 아닌 거라. 그저 이야기일 뿐이야! 자기한테만 진짜인 현실에 근거한 하나의 투영投影이지. 그래도 우리는 여전히 그런 경험을 말에 담아보려고 애쓰는데, 그야말로 놀라운 일이지. 모든 사람이 할 수 있는 가장 위대한 예술이야."

할아버지는 방금 말씀하신 것을 내가 아직 이해하지 못했다는 사실을 아셨다. "미겔, 네가 화가라고 하자. 네가 그린 그림이 네가 본 대상과 완전 일치하지 않을 수 있어. 하지만 네가 감지한 내용을 충분히 담고 있는 건 사실이지. 음, 네가 운 좋게 파블로 피카소와 친구라고 하자. 피카소도 너를 좋아해서 네 초상을 그리겠다고 한다. 네가 포즈를 취해주고, 얼마 후에 피카소가 네 초상화를 보여주면 너는 이렇게 말할 거다. '이게 나라고?' 피카소는 이렇게 말하겠지. '그래, 이게 너야. 내가 본 너라고.' 피카소에게는 그게 진실이다. 자기가 본 것을 그대로 표현한 거야. 하지만 너는 말하겠지. '내가 이렇게 생겼다고? 천만의 말씀!'

그래, 모두가 피카소하고 같아. 모든 사람이 하나의 이야기꾼이다. 모두 저마다 예술가라는 말이다. 피카소가 물감을 쓴다면 우리는 언어를 쓰지. 우리 모두 안팎에서 벌어지는 삶의 모습을 관찰하고, 그렇게 보이는 것을 언어로 표현하는 거야. 사람들은 자기가 보는 것을 이야기로 만들고, 그건 피카소처럼 진실을 왜곡하고 있지. 하지만 본인에게는 그게 진실인 거라. 물론 우리가 왜곡해서 표현한 것이 사람들에게 즐거움을 줄 수는 있어. 피카소 그림을 비싸게 사고파는 사람이 얼마나 많니?

모두가 저마다 독특한 견해에 따라서 자기 이야기를 만들고 있는 거야. 남들한테는 내 이야기가 진실이 아닌데, 어째서 남에게 내 이야기를 강요한단 말이냐? 이것을 이해하게 되면 더 이상 네가 믿는 것을 옹호할 필요가 없어지지. 네가 옳고 남들이 그르다는 걸 증명하려 애쓸 이유가 도무지 없는 거라. 그 대신에 모든 사람을 저마다 예술가로 보겠지. 무엇을 어떻게 보고 뭐라 말하든지 그건 그 사람의 견해일 뿐이다. 너하고는 아무 상관도 없는 거야."

결국 나는 할아버지를 설득하려 했다가 오히려 할아버지한테 설득당한 셈이 되었다. 이로써 나는 어르신들을 존경하게 되었다. 나중에야 나는 할아버지 얼굴에 피었던 미소를 이해할 수 있었다. 할아버지는 나를 가지고 노신 게 아니었다. 언젠가 나처럼 어른들을 설득하려 했던 당신의 젊은 날이 떠오르셨기에 그렇게 웃으셨던 거다.

할아버지와 대화한 뒤로 나는 사물을 제대로 볼 필요를 느꼈다. 내 삶을 이해하고, 내가 언제부터 거짓말을 믿게 되었는지 알고 싶었다. 쉬운 일은 아니었다. 그날 그 대화를 소화하는 데 수년의 세월이 걸렸다. 지금 이 순간의 나를 보고 내가 믿는 것을 알아차리는 일은 그리 당연하지 않았고, 그래서 포기하기도 어려웠다. 하지만 이것이 본질이었기에 나는 답을 원했다. 나는 알아야 했고, 참조할 수 있는 건 오로지 내 기억뿐이었다.

◆ 사람 마음속에는 진실인 것과 진실 아닌 것, 참과 거짓 사이의 갈등이 있다. 진실이 맺는 열매는 선善, 사랑, 행복이다. 거짓을 믿고 그것을 옹호한 열매는 불의와 고통이다. 사회에서만

그런 게 아니라 개인에게도 그렇다.

◆ 사람이 겪는 온갖 고통의 드라마는 거짓말, 특히 자신에 대한 거짓말의 결과다. 우리가 믿은 첫 번째 거짓말은 '나는 무언가가 아니다, 나는 되어야 할 내가 아니다, 나는 완전하지 않다'는 것이다. 진실은 모든 사람이 완전하다는 것이다. 완전한 것만이 존재할 수 있기 때문이다.

◆ 사람은 자기가 참으로 '무엇인지'를 모른다. 하지만 '무엇이 아닌지'는 안다. 우리는 완전한 사람의 이미지와 마땅히 그래야 할 사람에 대한 이미지를 만들고, 그 거짓 이미지를 찾아 나선다. 그 이미지는 가짜지만, 우리는 그 거짓에 몸을 맡긴다. 그리고는 그 거짓을 뒷받침하는 전체 구조를 세운다.

◆ 믿음은 사람한테 있는 강력한 힘이다. 우리가 어떤 거짓말을 믿으면 그것은 우리에게 진실이 된다. 우리가 모자란 사람이

라고 믿으면, '네 뜻대로 된다'는 법에 따라 우리는 모자란 사람이다. 실패할 것이라고 믿으면 실패할 것이다. 그것이 바로 믿음의 힘이기 때문이다.

◆ 사람은 오직 느낌으로만 진실을 감지할 수 있다. 그 진실을 서술하려 한다면 언어로 왜곡된 이야기만 늘어놓을 따름이다. 그 이야기가 나한테는 진실일 수 있지만, 다른 사람에게도 진실인 것은 아니다.

◆ 모든 사람이 저마다 독특한 견해를 가진 이야기꾼이다. 이 사실을 알면 더는 자기 이야기를 남에게 강요하거나 자신이 믿는 것을 옹호할 필요가 없어진다. 그 대신 모든 사람이 저마다 자기 작품을 창조할 권리가 있는 예술가로 보인다.

제3장

내가 완전하지 않다는 거짓말

어린 시절의 기억을
돌아보다

나는 어렸을 때를 기억한다. 그때 나는 자유였다. 아이로 존재한다는 건 경이로운 일이다. 나는 말을 배우기 전에 걷기부터 배웠다. 무엇이든 닥치는 대로 빨아들이는 작은 스펀지 같았다. 나는 내가 말을 배우기 전에 어떠했는지를 기억한다.

어린아이로서 나는 완전히 정직했다. 나 아닌 누구인 것처럼 시늉하지 않았다. 놀고 탐색하고 행복해하는 것이 내 천성이었다. 감정이 모든 것을 좌우했다. 나는 하고 싶은 일만 하면서, 하고 싶지 않은 일은 피하고 싶었다. 내 모든 관심은 지금 느끼는 것에 집중되었고, 다른 사람들한테서 나오는 감정도 느낌으로 알 수 있었다. 어쩌면 '본능'이라고 부를 수도 있겠지만, 그것은 일종의 '감感'이었다. 어떤 사람한테는 달려갔다. 그 사람을 믿었기 때문이다. 어떤 사람한테는 가까이 가려 하지 않았다. 그 사람에게서 불편한 느낌을 받았기 때문이다. 나에게는 설명할 수 없는 여러 느낌들이 살아있었다. 물론 아직 말을 할 줄 모르기도 했지만.

나는 잠에서 깨어나 엄마 얼굴을 보고, 엄마를 껴안고 싶은 느낌에 사로잡히던 때를 기억한다. 이런 감정을 '사랑'이라고 부르는 줄은 몰랐다. 나에게는 사랑이 너무나 자연스러운 일이었다. 같은 방식으로 나는 장난감과 고양이와 개를 사랑했다. 퇴근해서 돌아오는 아빠에게 달려가 환하게 웃으며 두 팔 벌린 아빠 품에 안기던 일도 기억한다. 완벽한 진정성 자체였다. 나는 벌거숭이로 살면서 사람들이 뭐라고 생각하는지 따위에는 관심 없었다. 내가 무엇이든, 나는 늘 나 자신이었다. 아직 내게 '지식'이 없었기 때문이다. 내 머릿속엔 프로그램이 없었다. 내가 무엇인지 몰랐고, 몰라도 상관없었다. 개는 개라는 게 무엇인지 모른다. 그래도 개처럼 행동하고 개처럼 짖는다. 음, 나도 늘 그랬다. 완전한 나로 나를 살았다. 이것이 말을 배우기 전의 참 나였다.

이렇게 어린 시절을 추억하다가, 나는 우리 모두에게 무슨 일이 일어났는지를 보게 되었다. 무슨 일일까? 그렇다, 지식(knowledge)이라는 게 생겨난다. 나는 말 배우기 시작하던 때를 기억할 수 있다. 우리는 사물의 이름부터 배운다. 그렇게 언어를 배우는데, 이건 실로 엄청난 사건이다. 이제는 알고 싶은 걸 물어보려고 말을 사용할 수 있다. 몇 달 뒤나 몇 년 뒤에는 추상적 개념도 알아듣는다. 이런 개념들과 더불어 믿기지 않는 일이 발생한다. 나는 무엇이 옳고 그른지, 어떤 게 좋고 나쁜지, 무엇이 아름답고 추한지, 내가 어떻게 해야 하고 어떻게 하면 안되는지, 이런 모든 것을 규정하려고 이야기를 지어내기 시작한다. 나는 부모님의 말뿐만 아니라 행동도 배운다. 나에게 하는 말뿐 아니라 다른 사람들에 관해 말하는 것도 배운다. 사람들이 어떻게 서로 교류하는지도 배운다. 보이는 대로 따라서 했다. 강력한 견해를 주장하는 아버지를 보았고, 그렇게 되고 싶었다. 하루빨리 어른이 되어 내 주장을 펴고 싶었다.

이윽고 말을 배우자 거의 모든 사람이 내가 누구인지를 나에게 말하기 시작했다. 내가 나에 대해 알게 되는 방식은 나를 에워싼 이야기꾼들의 생각에 귀를 기울이는 것이었다. 어머니는 당신이 생각하시는 나의 모습에 근거해 하나의 이미지를 만드셨다. 그렇게 내가 누군지를 말씀하시고, 나는 그 말을 믿는다. 아버지도 내가 누군지를 말씀하시는데, 어머니 말씀과는 완전 다르다. 하지만 나는 거기에도 동의한다. 물론 형이나 누나도 나에 대한 견해가 있고, 나는 그것들도 받아들인다. 분명 그들은 나에 대해 나보다 많이 알고 있다. 하지만 이런 모양의 몸으로 살고 있는 건 그들이 아니라 바로 나다. 이 모든 게 엉터리없지만, 그래도 나는 재미있다.

이제 나는 학교에 간다. 그러면 선생님이 나에게 내가 누군지 말씀하신다. 선생님은 내가 마땅히 이래야 하는데 '그렇지 않다'고 말한다. 나는 동의하지만, 바로 여기서 문제가 비롯된다. 선생님은 이렇게 말한다. "얘들아, 너희들 인생에 성공한 사람이 되려면 열심히 노력해야 한다. 세상은 승자와 패자로 나뉘는데, 너희는 승자가 되려고 여기 온 거야. 열심히 노력하면 너희도 법률가나 의사나 기술자가 될 수 있어." 선생님은 우리에게 과거 대통령들이 어려서 어떻게 했는지를 여러 이야기로 들려준다. 물론 모든 이야기의 주인공은 승자들이다. 나는 천진한 아이다. 그런 내가 '승자'라는 개념을 배운다. 나는 승자가 되어야 한다는 데 동의한다. 바로 이거다. 그 모든 동의들이 내 속에 기억으로 저장되는 것이다.

집에 오면 부모님이 말씀하신다. "미겔, 착한 아이가 되려면 이러저러해야 하는 거야." 이 말은 너 지금 착한 아이가 '아니'라는 뜻이다. 부모님이 그리 말씀하신 건 아니지만, 나는 그렇게 알아듣는다. '너는 이렇게 저렇게 해야 해. 그래야 착한 아이가 되는 거야. 그러면 상을 받을 거다. 그러지 않으면? 벌을 받겠지.' 헉! 나는 너무 작고 그들은 너무 크다. 저항해보지만 실패하고 만다. 그들이 이긴다. 나는 벌을 피하려고 나 아닌 다른 아이인 척해본다. 그래서 상도 받는다. 나는 계속해서 부모님이 말씀하시는 그 아이여야 한다. 착한 아이들에게만 상이 돌아가기 때문이다. 나는 부모님이 바라는 아이가 되려고, 그분들의 눈길을 끌려고, 그래서 "미겔, 너 참 착한 아이구나." 이 말을 들으려고 부단히 노력한다.

이 모든 메시지 뒤에 있는 메시지, 말로 하지 않았지만 내가 알아들은 메시지는 이런 것이다. '너는 지금 마땅히 되어야 할 그런 사람이 아니다. 네가 이렇게 존재하는 건 옳지 않다.' 메시지가 "미겔, 너 멋진 사람이 되려면 노력해야 해." 라는 건 지금의 내가 볼품없는 사람이라는 뜻이다. 어린아이 마음으로 내가 이해한 메시지는 이런 것이다. '너는 충분하지 못하다. 뿐만 아니라 앞으로도 충분한 사람이 못될 것이다. 왜냐하면 지금 너는 완전하지 않으니까.' 내가 이 말에 동의하는 바로 그 순간, 우리들 대부분이 그렇듯이, 나는 완전함을 추구하고 나선다.

이렇게 해서 내 마음속에 완전한 인간이라는 이미지가 자리를 잡는다. 나 자신이기를 그치고, 나 '아닌' 누군가로 행세하기 시작하는 것이다. 학교에 입학한 첫 해에 첫 번째 거짓말이 자리를 잡는다. 나는 교실에 앉아 첫 번째로 만난 선생님이 내 깊은 곳에 영향을 미치는 것을 바라본다. 선생님은 성숙한 어른이다. 우리 어머니와 아버지 말씀이 모두 진실인 것처럼, 선생님 말씀도 모두 진실이다. 선생님은 아이들을 진심으로 보살피는 훌륭한 교사고, 내가 받은 메시지가 긍정적이긴 하지만 그 결과는 상당히 다르다. 그 메시지 이면에 있는 뜻은 매우 미묘하다. 나는 그걸 '내가 완전하지 않다는 거짓말'이라고 부른다. 나 스스로 동의하는 중심 거짓말이다. 바로 이 거짓말에서 그것을 뒷받침하는 더 많은 거짓말이 파생된다.

이것이 내가 추락하는 순간, 하늘나라에서 쫓겨나고 거짓말에 대한 나의 믿음이 마술을 부리기 시작하는 순간이다. 마치 기적처럼 그것은 내 주변의 모든 것에 영향을 미치기 시작한다. 나는 어머니한테 훌륭한 아들이 되려고, 아버지한테 괜찮은 아들이 되려고, 형과 누나들에게 착한 동생이 되려고, 선생님한테 근사한 학생이 되려고 노력해야 한다. 꽤나 벅찬 일이지만 이게 다가 아니다. 텔레비전을 켜면, 거기서도 나에게 어떤 모양을 하고 어떤 옷을 입고 어떻게 처신할 것인지를 말해준다. 하지만 나는 아직 멀었다. 텔레비전은 더 많은 영웅과 악당들을 보여준다. 나는 승자가 되려고 이렇게 저렇게 애쓰는 사람들을 본다. 저마다 완전한 사람 되기를, 중요한 인물 되기를, 자기 아닌 누군가가 되기를 원하는 사람들이다.

십대소년이 되자 진짜 드라마가 시작된다. 그때의 나는 남들뿐 아니라 나 자신한테도 더 이상 충분히 괜찮은 존재가 아니기 때문이다. 결과는 자기거부다. 내 존재가치를 입증하려고 학교에서 'A'를 받으려 노력한다. 운동에서 최고가 되고, 체스경기에서 최고가 되고, 다른 모든 분야에서도 최고가 되려고 노력한다. 처음에는 아버지와 형들한테 인정

받으려고 그러다가, 나중에는 자기한테 인정받으려고 그런다. 이 지점에 이르러 나는 더 이상 순진하지 않다. 타고난 순결과 천진을 잃었다. 더 이상 나에게 좋은 것을 바탕으로 결정하지 않으며, 다른 사람들의 견해를 만족시켜주는 일이 더 중요하다.

초등학교를 마치고 중학교에 들어가며 나는 이런 말을 듣는다. "이제 너는 더 이상 어린애가 아니야. 애처럼 굴어선 안돼. 그러니 이렇게 저렇게 해야 한다." 바야흐로 나는 남들이 원하는 사람인 척하는 것으로 그들을 즐겁게 해주려고 이런저런 시도를 한다. 모든 사람들로부터 의견을 들으려 한다. 내가 어떻게 보이는가? 나를 어떻게 생각하는가? 내가 잘했는가? "미겔, 너 아주 훌륭해."라는 말로 나를 격려해줄 누군가를 찾는다. '너는 참 좋은 사람'이라고 말해주는 누군가와 함께 있으면, 그 사람은 나를 아주 쉽게 조종할 수 있다. 나는 그 사람의 인정이 필요하기 때문이다. 내가 얼마나 똑똑하고 훌륭한 승자인지 말해줄 사람이 내겐 필요하다.

나는 혼자일 수가 없다. 혼자일 때 패배자인 나를 향한 자기심판은 더욱 가혹해진다. 내가 하는 이야기에 따르면, 나는 마땅히 되어야 하는 그 사람이 아니다. 그래서 스스로를 심판하고 죄책감을 느낀다. 그러고는 주변 모든 것을 도구로 활용해 나에게 벌을 준다. 끊임없이 남들과 나를 비교한다. '아, 쟤들이 나보다 낫다. 음, 쟤들은 나보다 못하네.' 그러면 기분이 좀 나아졌다가 문득 거울에 비친 모습을 보면, '에쿠! 저게 나라고? 끔찍하군!' 이렇게 자신을 거부한다. 당연히 나는 나를 사랑하지 않지만, 그래도 나를 사랑하는 척한다. 연습을 충분히 한 덕에, 결국 내가 시늉하는 나를 믿게 된다.

이후에 나는 세상에 자신을 증명하려고 의사가 된다. 의사가 되면 내가 승자라는 게 입증되는가? 아니, 전혀 아니다. 심장 '전문의', 신경 '전문의', 외과 '전문의'가 또 있다. 그래서 나는 외과 '전문의'가 되지만, 내 이야기에 따르면,

그래도 나는 아직 충분치 않다. 나는 혼자일 때 믿는 내 이 미지가 따로 있고, 남들과 함께일 때는 그들이 내게 바라는 내용에 따른 이미지를 세상에 투사한다. 내 이미지를 세상에 투사하려면 나는 그것을 방어해야 한다. 그 모든 거짓을 덮으려면 나는 아주 똑똑해져야 한다.

계속해서 그런 이미지들을 시늉하고, 그렇게 연습하는 가운데 세월이 흐르자 드디어 나는 위대한 배우가 된다. 가 슴 아픈 일을 당해도 나는 말한다. "괜찮아, 상관없어." 거짓 말하는 거다. 척하고 있는 거다. 과연 아카데미 연기상쯤 받 을 만하다. 얼마나 근사한 배역인가! 얼마나 근사한 드라마 인가! 내가 충분치 않다는 데 동의한 순간, 선생님과 가족들 과 텔레비전에서 '미겔, 너는 이런 사람이어야 해.'라는 말 을 듣고, 실제로는 그렇지 않으면서 고개를 끄덕인 그 순간 에, 이 드라마가 시작된 것이다.

그 모두가 다만 하나의 이야기인 줄도 모르면서, 나는 칭 찬받고 받아들여지고 사랑받기를 원한다. 나는 완전함을 추구한다. 그리고 사람들이 자신의 행위를 변명하는 데 '완전하지 못함'을 커다란 핑계거리로 삼는 재미있는 현상을 본다. 사람들은 잘못을 저지르고 자기 이미지를 지키려 할 때 이렇게 말한다. "음, 나는 다만 인간일 뿐이야. 완전한 존재가 아니라고. 오직 하느님만이 완전하시지." 이 말은 내 잘못을 변명하는 데도 좋은 핑계가 된다. "그래, 누구도 완전한 인간은 없지." 얼마나 근사한 정당화인가?

나는 교회로 간다. 교회에선 성자의 초상을 보여주며 말한다. "이것이 완전함이다." 하지만 성자들의 초상에서 보이는 건 고난과 아픔이다. 와우! 완전한 사람이 되려면 저들처럼 되어야 하나? 그래, 나는 고난당하려고 지금 여기 있는 거야. 이 고난을 참고 견디면 하늘나라에서 상을 받겠지. 아마도 거기서는 완전해질 거야!

내가 이 말을 믿게 된 것은 너무나도 자주 들었기 때문이다. 그러나 그 역시 하나의 이야기였다. 나는 나 자신에 대해, 다른 모든 것에 대해 너무나 많은 미신을 지니고 있었다. 수천 년 전부터 내려온 거짓말이 아직도 자신의 이야기를 만드는 데 영향을 준다. 내가 어렸을 때 들은 말은 '오직 하느님만이 완전하시다. 사람들만 빼놓고 다른 모든 하느님의 피조물이 완전하다.'는 것이었다. 그리고 동시에 하느님이 사람을 피조물의 우두머리로 삼으셨다는 말을 들었다. 하지만 사람만 빼고 모두가 완전한데, 어떻게 사람이 피조물의 우두머리가 된단 말인가? 말이 안되는 소리였다. 어른이 되고 나서 그 모순을 생각해보았다. 불가능한 일이다. 하느님이 완전한 분이라면, 그래, 천지만물을 창조하신 분이 하느님이라면, 진정 하느님의 창조가 완전하다고 믿는다면, 그렇다면 우리 모두 완전하든지 아니면 하느님이 완전치 못하든지 해야 하는 거다.

나는 하느님의 피조물을 사랑하고 존중한다. 그러면서 어떻게 "하느님, 당신이 수많은 인간들을 창조하셨습니다만, 그들은 완전하지 않습니다."라고 말할 수 있는가? 내가 완전하지 않다고, 또는 당신이 완전하지 않다고 말하는 것은 하느님을 심하게 모독하는 짓이다. 내 견해로는 그렇다. 만일 어떤 불완전함이 보인다면, 그것은 우리가 거짓말에, 자신이 결코 이룰 수 없는 추상적 완전함에 눈길을 모으고 있기 때문이다. 얼마나 많은 사람들이 완전함이라는 이미지 앞에서 포기하고 마는가? 그러면서 전사戰士로 나아가기를 포기하는가? 우리는 자신이 실패자라는 것을 받아들인다. 자기는 결코 성공할 수 없다고 생각하면서 외부에 있는 것들을 탓한다. '내가 성공할 수 없었던 건 아무도 나를 도와주지 않았기 때문이야. 이런 저런 이유로 그럴 수 없었어.' 핑계거리는 수도 없다. 하지만 자기심판은 전보다 훨씬 더 가혹해진다. 완전하려고 애쓰다 보면 준엄한 심판이 따르지만, 그건 포기하는 것만큼 최악은 아니다. 그러면 또 우리는 좌절을 덮으려고 이렇게 말한다. "괜찮아, 이런 게 내가 바라는 삶이야." 하지만 우리는 자신이 실패했다는 것을 안다. 그리고 그런 믿음을 스스로에게 감추지도 못한다.

당연하게도, 자기가 아닌 무엇이 되려고 할 때마다 우리는 실패한다. 자기 아닌 누군가 되기, 자기 아닌 누구인 척하기는 너무나도 어려운 일이다. 나는 늘 내가 아주 행복하고, 무지 강하고, 대단히 중요한 사람인 척하곤 했다. 오우! 그렇게 사는 것이야말로 진짜 지옥살이다. 그것은 일종의 관행이고, 아무래도 이길 수 없는 상황이다. 당신은 자기 아닌 누구일 수가 없다. 이게 핵심이다. 당신은 오로지 자신일 수밖에 없다. 이게 전부다. 그리고 당신은 이미 자기 자신이다. 애쓰지 않고도 저절로!

내가 나 자신이라는 사실을 정당화할 필요는 없다. 자기 아닌 누가 되려고 애쓸 이유가 없다. 우리는 다만 본연本然 (integrity)의 자기로, 말을 배우기 전의 자기로 돌아가면 될 뿐이다. 어린아이인 우리는 순진하다. 배고프면 먹고 싶을 따름이다. 고단하면 쉬고 싶을 따름이다. 지금 이 순간만이 진짜다. 과거에 대해 알 것도 없고, 미래를 걱정하지도 않는다. 삶을 즐기고 탐색하면서 재미있고 싶을 뿐이다. 아무도 그렇게 사는 법을 가르쳐주지 않았다. 그냥 그렇게 태어났다.

　우리는 진실 안에서 태어났지만 거짓을 믿으면서 자란다. 이것이 인류 전체의 드라마이자 이야기꾼이라는 문제다. 인류 역사에서 가장 큰 거짓말은 우리가 불완전하다는 거짓말이다. 그 거짓말은 내 삶에도 큰 영향을 미쳤다. 나는 흔히 사람들에게 가정假定하지 말라고 하지만, 이런 일은 어떤 식으로든 우리 모두에게 일어난다고 가정해야 한다. 물론 이야기마다 서로 다른 점은 있겠지만, 내 눈에는 정도의 차이일 따름이다. 이 관행에서 자유로울 수 있는 사람은 거의 없다.

　나는 완전한 어린아이였다. 나는 순진했고, 그래서 내가 '되어야 할 존재가 아니'라는 거짓말을 받아먹었다. 나는 열심히 노력하면 그런 존재가 될 수 있다고 믿었다. 이렇게 나는 내 이야기를 만들게 되었고, 그 이야기를 믿었기 때문에 그것은 나에게 진실이 되었다. 그리고 그 이야기는 비록 거짓으로 가득하지만 완벽하다. 경이롭고 아름답다. 이야기는 옳거나 그른 게 아니다. 좋거나 나쁜 것도 아니다. 그냥 이야기일 뿐, 그게 전부다. 그러나 알아차림(awareness)으로써, 우리는 그 이야기를 바꿀 수 있다. 한 걸음 또 한 걸음, 진실로 돌아갈 수 있다.

◆ 어린아이인 우리는 완벽하게 순진하다. 자기 아닌 누구인 척 시늉하지 않는다. 놀고 탐색하고 순간에 살면서 삶을 즐기는 것이 천성이다. 아무도 그렇게 살라고 우리를 가르치지 않는다. 그렇게 살도록 태어났다. 이것이 말을 배우기 전 우리 본연本然의 모습이다.

◆ 마음이 추상적 개념을 이해할 만큼 성장하면서 우리는 닥치는 대로 옳거나 그르다고, 좋거나 나쁘다고, 아름답거나 추하다고 규정하는 법을 배운다. 스스로 어떤 존재가 되어야 한다는

이야기를 만들고 그 이야기를 믿으면서, 그것은 우리에게 하나의 진실이 된다.

◆ 어려서 들은 모든 메시지들 이면에는, 한번도 직접 들은 적은 없지만 속으로는 그렇게 알고 있는 침묵의 메시지가 있다. '네가 이렇게 존재하는 것은 마땅치 않다, 너는 충분치 못하다.' 여기에 동의해 받아들이는 순간, 우리는 자기 자신이기를 그만두고 다른 사람들을 기쁘게 하려고, 사람들이 자기네 이야기에 따라서 만든 이미지로 살려고, 자기 아닌 누구인 척한다.

◆ 당신은 결코 당신 아닌 누구일 수 없다. 당신은 오직 당신일 수밖에 없다. 그게 전부다. 그리고 이미 당신은 자기 자신이다. 애쓰지도 않고 저절로.

◆ 사람들은 진실 안에서 태어난다. 하지만 거짓을 믿으며 자란다. 인류 역사에서 가장 큰 거짓말은 우리 자신이 완전하지 않

다는 말이다. 그것은 하나의 이야기일 뿐이다. 그런데 우리는 그것을 믿고, 그 이야기로 자신을 심판하고 벌주고, 또한 자신의 잘못을 정당화한다.

◆ 하느님이 창조하신 모든 게 완전하다. 우리가 자신의 완전함을 보지 못하는 까닭은 자기 이야기에 속고 있기 때문이다. 우리 이야기에 담긴 거짓말이 진실을 보지 못하게 한다. 하지만 알아차림으로써 우리는 그 이야기를 바꾸고 진실로 돌아갈 수 있다.

제4장

사막에서 보낸
하룻밤

무한無限과의 만남

내가 의사로 일하고 있을 때 또 한 번 진실을 깨칠 기회가 찾아왔다. 그때 나는 소노란Sonoran 사막의 작은 마을 알타 소노라Altar Sonora에 살고 있었다. 때는 여름이었고 너무 더워서 잠을 잘 수가 없었다. 나는 병원을 등지고 사막으로 산책을 떠났다. 밤하늘에 초승달이 떴고 무수한 별들이 총총 빛나고 있었다. 홀로 사막 한가운데서 참으로 아름다운 정경에 심취했다. 나는 그 많은 별들에서 영원과 무궁과 무한을 보았고, 그것들이 살아있음을 조금도 의심 없이 알 수 있었다. 무한無限(the infinite), 우리 어머니 대지, 모든 피조물이 살아있다! '살아있는 한 존재(one living being)'다.

분명 전에도 밤하늘 별들을 여러 번 보았지만 그렇게, 그런 관점에서 본 것은 처음이었다. 감동이 나를 사로잡았다. 내 가슴에서 커다란 기쁨과 더없이 섬세한 평화가 함께 느껴졌다. 그때 설명하기 어려운 일이 일어났다. 지금 내가 사막에 혼자 있는 것이 아니라는 느낌이 들었다. 내가 무한을 감지하고 있을 때 무한도 나를 감지하고 있었다. 하늘의 모든 별들이, 모든 것을 알고 모든 것을 감지하는 '살아있는 한 존재'의 부분들이었다. 내가 거기 있음을 우주가 알고 있었다.

그러자 좀더 믿기 어려운 일이 일어났다. 순간 내 인식이 전환되면서, 잠시 나는 내 육신의 무한함을 감지하는 광대한 별이 되었다. 사막 한가운데, 너무도 작은 내가 보였다. 내 육신이 전에는 원자라고 알고 있던 수십억 개의 작은 별들로 이루어진 것을 보았다. 그것은 하늘의 모든 별들만큼이나 광대무변했다.

그날 밤, 나는 내 육신 안에 있는 무한이 나를 에워싼 모든 무한의 연장延長이라는 사실을 알았다. 나는 그 무한의 일부고, 내가 인식하는 모든 사물도 마찬가지였다. 우리 사이에는 아무 다름이 없고, 우리와 다른 사물 사이에도 다름

이 없다. 모두가 빛으로 이루어졌기에 우리는 하나일 뿐이
다. 빛이 수천억만의 다른 꼴로 저를 나타내어 물질 우주를
창조한다. 더 나아가서, 나는 '오직 하나인 힘'이 모든 것을
움직이고 변형시킨다는 것을 알았다. 별들을 움직이는 것과
같은 힘이 내 몸의 원자들을 움직인다. 나는 그것을 '생명
(Life)'이라고 부른다. 그리고 빛은 생명의 운반자 또는 메신
저다. 빛이 존재하는 모든 것에 정보를 전달하고 있기 때문
이다.

　그리고 그 빛이 살아있음을 깨닫는 것은 정말 놀라운 일
이었다. 빛은 우주의 온갖 지혜를 담고 있으며, 모든 공간을
차지하는 '살아있는 한 존재'다. 내 몸의 원자들 사이가 그
렇듯이, 별들 사이에는 빈 공간이 없다. 별들 사이의 공간은
빛으로 가득하며, 빛을 반사할 물체가 없을 때만 비어있는
것처럼 보인다. 우리가 우주로 보내는 모든 물체는 빛을 반
사하는데, 모든 물질이 거울처럼 빛을 반사하기 때문이다.

　그때 나는 평소 수련할 때 늘 주머니에 넣고 다니던 거울

을 들여다보았다. 그 속에서 나는 창조된 모든 것의 정확한 복사판을 보았다. 그것은 빛으로 이루어진 가상현실(virtual reality)이었다. 그 순간 나는 내 눈이 한 쌍의 거울과 같음을 깨달았다. 빛이 거울에 가상현실을 투영하듯이, 내 뇌에도 가상현실을 투영하는 것이다. 내 눈과 거울의 유일한 차이점은 내 눈 뒤에 뇌가 있다는 것이다. 그 뇌로 나는 내가 감지하는 가상현실을 분석하고 해석하고 설명할 수 있다.

나는 하느님과 함께, 생명과 함께 창조한다. 하느님은 진짜인 것을 창조하시고, 나는 마음속에 가상현실을 창조한다. 생명은 빛을 통해서 내 눈에 온갖 정보를 보내고, 나는 내가 감지한 것에 대한 이야기를 만든다. 이야기는 바로 내가 감지한 것을 규정하고 합리화하며 설명하는 방식이다. 나는 나무를 볼 때 그 나무만 보는 게 아니다. 그 나무를 규정하고, 묘사하고, 그 나무에 대한 내 견해를 보탠다. 나는 그 나무를 좋아하거나 좋아하지 않는다. 그 나무가 아름답다거나 아름답지 않다고 느낄 수 있다. 하지만 그 나무에 대한 나의 견해나 관점은 내가 만든 이야기일 뿐이다. 일단 내가 감지한 것을 해석하거나 규정하거나 판단하고 나면, 그건 더 이상 진짜가 아니다. 하나의 가상현실이다. 이를 가리켜 톨텍은 '꿈(dreaming)'이라고 한다.

바야흐로 모든 것이 이해되기 시작했다. 우리 어머니와 할아버지가 그토록 오랫동안 나에게 가르치려고 하셨던 고대 톨텍의 철학을 이해하게 되었다. 톨텍은 사람들이 꿈속에 산다고 믿는다. 그 꿈은 빛의 이미지로 만들어진 환영幻影(illusion)의 세상이다. 그리고 마음은 뇌가 잠든 상태와 깨어 있는 상태 모두에서 꿈을 꾼다.

문득 나는 '톨텍'이라는 말의 뜻이 '영靈의 예술가'라는 것을 기억해냈다. 톨텍 전통에서는 모든 사람이 예술가이며, 최고의 예술은 영혼의 아름다움을 표현하는 것이다. 이런 관점에서 우리 스스로를 그냥 인간이 아닌 예술가로 부른다는 게 얼마나 근사한 일인가. 스스로를 그저 인간이라고 생각하면, 삶에서 자기를 표현하는 방식을 제한하게 된다. '나는 단지 인간일 뿐이야. 완벽하지 않아.' 하지만 스스로를 예술가라고 부른다면 한계가 어디 있는가? 예술가인 우리에게는 더 이상 어떤 한계도 없다. 우리는 우리를 창조하신 분과 마찬가지로 창조자다.

톨텍은 우리를 통해 작용하는 생명의 힘이 진정한 예술을 창조하며, 모든 사람이 이 힘의 도구라고 믿는다. 최고 예술가인 하느님의 모든 표현은 온갖 모양으로 창조를 드러내는 하느님 그 자체가 된다. 예술은 살아있고 생명에서 나오기 때문에 그 자체의 의식이 있다. 그렇게 창조는 끝없이 현재진행중이며, 매순간 모든 곳에서 일어나고 있다.

우리는 이 삶을 어떻게 살아갈 것인가? 이것은 우리의 예술, 그러니까 삶의 예술이다. 창조의 힘을 지닌 우리는 말하고 느끼고 행동하는 모든 것으로 생명을 표현한다. 하지만 예술가에도 두 부류가 있다. 의식 없이 자신의 이야기를 창조하는 사람과 의식을 회복해서 진실과 사랑으로 자신의 이야기를 창조하는 사람.

당신은 지금 이 순간 자신의 삶을 꿈꾸고 있다. 자신의 꿈뿐만 아니라, 자신이 감지하는 모든 것에 반영된 최고 예술가의 꿈도 느끼고 있다. 당신은 감지하는 것을 이해하려고 노력한다. 마음에 저장된 지식에 의존해 자기 방식으로 그것을 해명하려 한다. 내 눈에는 이것이야말로 놀라운 무엇이다. 당신은 당신이 만든 이야기 속에 살고, 나는 내가 만든 이야기 속에 산다. 당신의 이야기는 그 현실을 창조한 당신 자신에게만 참된 가상현실이다.

오래전에 누가 말했다. "모든 머릿속이 하나의 세계다." 옳은 말이다. 당신은 자신만의 세계에 산다. 매우 사적인 세계다. 당신 세계에 무엇이 있는지는 아무도 모른다. 당신의 세계는 당신이 창조한 걸작 예술품이다.

소노란 사막에서의 그날 밤은 나 자신과 인류, 그리고 전체 세계를 인식하는 방식을 바꿔놓았다. 영감이 번뜩이던 한 순간에 나는 무한과 생명의 힘을 보았다. 그 힘은 언제나 존재하고, 보는 눈이 있는 사람에게는 너무나 분명하지만, 나는 거짓말에 마음이 쏠려있어서 그것을 볼 수 없었다. 할아버지가 내게 들려주려던 말씀이 진짜였다. "오직 완전함만이 존재한다." 말로 표현하기까지 오랜 세월이 흘렀지만, 마침내 진실을 경험하고 나서야 할아버지의 뜻을 이해할 수 있었다. 나는 무한으로부터, 별들과 빛으로 이루어진 온 우주를 창조하는 생명의 힘으로부터 분리될 수 없기 때문에, 내가 완전하다는 것을 깨달았다. 나는 하느님의 피조물이다. 나 아닌 무엇이 될 필요가 없는 존재다.

이것은 바로 사랑과 다시 만나는 일이었다. 사랑을 부인하기 전에 내가 느꼈던 감정이기도 했다. 나는 거짓말을 배우기 전의 순진한 삶을 되찾았다. 영감에 찬 그 순간, 생각할 것도 없이 모든 게 명료해졌다. 나는 순수한 알아봄(awareness)이었다. 나는 느낌으로 감지하고 있었다. 내가 느낀 것을 말로 설명하려 했다면, 그 경험은 끝나버렸을 것이다.

나는 모든 사람이 진실을 알아볼 때, 영감의 순간을 경험

한다고 믿는다. 그런 순간은 마음이 고요할 때, 느낌을 통해
생명의 힘을 인식할 때 나타난다. 물론 '생각'이라는 머릿속
목소리는 당장 이런 경험을 없던 일로 만들려고 할 것이다.
목소리는 스스로를 정당화하며 우리의 느낌을 부정하려고
한다. 왜일까? 진실을 목격하면, 우리가 믿는 거짓은 모조리
살아남을 수 없기 때문이다. 사람들은 진실을 두려워한다.
그러나 우리가 두렵다고 말할 때, 그렇게 말하는 자는 머릿
속 거짓말쟁이다. 그 목소리가 하는 거짓말은 진실을 견뎌
낼 수 없기 때문이다. 그것은 죽기를 원치 않는다.

그래서 자신의 거짓말을 직시하고 자기가 믿는 것을 직
면하는 데는 용기가 필요한 것이다. 지식이라는 틀은 우리
를 안전하다고 느끼게 한다. 비록 그렇게 아는 것이 진실이
아니라 해도, 우리는 알고 싶어 한다. 자신에 대해 믿는 것
이 더 이상 진실이 아니라면, 우리는 불안해진다. 다르게 사
는 법을 모르기 때문이다. 우리가 자신인 줄 알았던 그 존재
가 아니라는 사실을 알게 되면, 모든 현실의 토대가 무너지

기 시작한다. 전체 이야기가 의미를 잃게 되고, 그것은 실로 겁나는 일이다.

나는 그날 밤 사막에서 하나도 두렵지 않았다. 하지만 사막에서 돌아오자 두려움이 느껴졌다. 내 이야기 속 어떤 것에도 의미가 없는데, 여전히 세상에서 해야 할 역할은 있었기 때문이다. 나중에 나는 내 인생 이야기를 다시 쓸 수 있다는 것을 깨달았다. 내가 믿는 내용의 틀을 다시 짜고, 그것을 어떤 거짓도 없이 재건할 수 있었다. 그러자 삶이 전처럼 굴러갔다. 하지만 더는 거짓이 내 삶을 지배하지 못했다.

◆ 빛은 우주의 온갖 지혜를 담고 모든 공간을 차지하며 살아 있는 존재다. 빛이, 하느님의 최고 메신저가 존재하는 모든 것에 끊임없이 정보를 보내며 수천억 다른 꼴들로 자기를 나타낸다.

◆ 별을 창조하고 변화시키는 변형의 힘, 생명이 바로 우리 육신에서 원자들을 만들고 변화시키는 힘이다. 이 힘이 언제 어디나 현존하며 우리를 지켜보지만, 우리는 거짓에 눈길이 쏠려 그것이 보이지 않는다.

◆ 모든 사람이 무한의 일부다. 우리가 감지하는 다른 모든 것도 마찬가지다. 우리들 사이에, 또는 우리와 다른 것들 사이에는 다른 점이 전혀 없다. 우리는 오직 하나다. 모두가 빛으로 만들어졌기 때문이다.

◆ 생명은 진짜를 만들고 사람들은 가상현실을, 진짜에 관한 이야기를 만든다. 우리는 빛의 이미지를 감지하며, 그렇게 감지한 것을 해석하고 규정하고 판단한다. 이렇게 우리 마음의 거울에 끊임없이 비치는 것들을 톨텍은 '꿈(dreaming)'이라고 부른다.

◆ 더없이 높은 예술가인 하느님이 우리 삶으로 예술작업을

하신다. 우리는 생명의 힘이 저 자신을 표현하는 데 쓰이는 도
구다.

◆ 꿈의 예술은 삶의 예술이다. 우리가 말하고 행동하는 모든
것이 생명의 힘이 저를 표현하는 것이다. 이 창조는 지금도 계속
되고 있다. 끝이 없다. 매순간 일어나고 있다.

제5장

이야기꾼

이야기 주인공들
탐문하기

    사막에서 보낸 그날 밤의 경험을 나는 '상식(common sense)으로 돌아간 것'이라고 말한다. 나는 평생 나도 모르게 내가 만든 이야기 속에서 살았다. 이 사실을 알아차렸을 때 나는 스스로 만든 온갖 이야기에 질문을 던지게 되었다. 내가 나로 알고 있는 것이 정말 나인가? 다른 모든 사람에 대해 내가 알고 있는 것이 진짜인가? 나는 내 삶의 이야기를 돌아보았다. 내가 만든 모든 드라마가 마음에 들지 않았다. 나 자신을 송두리째 다시 만들고 싶어졌다.

    그 첫 단계는 내 이야기에서 진짜가 아니라고 느꼈던 것을 제거하고 진짜인 것을 알아내는 것이었다. 나는 소위 꿈의 '틀'이라는 것은 우리를 지으신 분이 만드셨기에 진짜이며, 모든 사람들에게 동일하게 적용된다는 것을 알았다. 그 틀 속에 있는 사물을 무엇이라 부를 지에 대한 우리의 합의도 진짜다. 그것이 우리가 가상현실을 서술하는 방식이기 때문이다. 문자 A가 A인 것은 우리가 그렇게 부르기로 동의하기 때문이다. '개'라는 말은 우리가 '개'라고 부르기로 동의한 짐승의 형태를 가리킨다.

이런 방식으로 활용되는 지식은 소통을 위한 도구일 뿐이다. 그러나 무엇이 옳고 그르다, 무엇이 좋고 나쁘다, 무엇이 아름답고 추하다는 거의 모든 추상抽象들은 거짓말이다. 내 마음속에 저장해둔 관념, 특히 나 자신에 대한 관념의 99퍼센트 이상이 '나는 할 수 있다, 나는 할 수 없다, 나는 이렇게 한다, 나는 그렇게는 절대 못한다.'라는 거짓말에서 비롯되었음을 알았다. 지식 자체는 문제가 아니다. 지식을 오염시키는 것, 그러니까 거짓말이 문제다. 나는 우리가 자기 이야기를 쓰는 방식이 굉장히 터무니없다는 사실을 알게 되었다. 어떻게 이런 일이 일어났던 것일까?

내가 이 몸으로 태어나기 전부터 이야기꾼들의 세상이 이미 있었다. 이야기는 이어지고 있었고, 나는 그들의 이야기를 통해 내 이야기 만드는 법을 배웠다. 우리보다 먼저 여기에 온 이야기꾼들은 우리에게 사람이 되는 법을 가르쳐준다. 먼저 우리가 누구인지, 사내아이인지 계집아이인지 가르쳐준다. 그런 다음 어떤 사람이 되어야 하는지, 어떤 사람이 되면 안되는지를 가르쳐준다. 그들은 우리에게 예의 바른 여자, 단정한 여자, 강한 남자, 용감한 남자가 되라고 가르친다. 우리에게 이름과 정체성을 주고, 자신들의 이야기에서 우리가 맡을 역할도 준다. 그렇게 우리가 아귀다툼 속에 살아가고, 서로 경쟁하고, 통제하고, 자기 뜻을 주장하고, 동족끼리 다투며 살 수 있게 준비시켜준다.

물론 나는 이야기꾼들이 해준 말을 모두 믿었다. 그들을 못 믿을 이유가 무엇인가? 그들은 내게 지식을 채워주었고, 나는 그 지식으로 그들의 방식을 본떠서 비슷한 형태로 내 작품을 만들었다. 나는 형들이 아버지에게 강하게 의견을 제시하는 것을 보았다. 나도 한 마디 하고 싶었지만 그들은 내 입을 틀어막고 내 목소리를 내지 못하게 했다. 앞서도 말했지만 나도 내 의견을 내고 싶은 마음이 간절했다. 어떤 의견이든 상관없었다. 그냥 내 의견을 강요하고, 온갖 독선으로 그것을 옹호하고 싶었을 뿐이다.

어린아이인 우리는 어른들이 서로 상대하는 방식을 눈으로 보고, 그것을 자신의 행동규범으로 삼는다. 누나와 형들, 이모와 삼촌들, 부모와 이웃들이 연애하는 것을 본다. 그들은 괴로워하면서도 그게 사랑이라고 우긴다. 우리는 그들이 싸우는 것을 본다. 그리고 커서 똑같이 하고 싶어 한다. 아이인 우리 마음엔 이런 생각이 든다. '와, 재미있겠다!' 우리가 인간관계에서 겪는 모든 어려움은 어리고 순수할 때 너무 많은 거짓을 목격하고, 그것들로 자기 이야기를 만들어내기 때문이다.

나는 계속해서 내 삶의 이야기를 들여다보았다. 그래서 알게 된 것은 내 이야기의 모든 것이 나에 대한 것이라는 사실이다. 물론 그럴 수밖에 없다. 내가 내 인식의 중심이고, 이야기는 내 관점에서 바라본 것이기 때문이다. 내 이야

기에 나오는 주인공이 실존하는 사람인 것은 사실이다. 그
러나 내가 나에 대해 믿는 것은 사실이 아니라 그냥 이야기
다. 내가 창조한 '미겔'이라는 인물은, 내가 나에 대해 믿기
로 동의한 무언가에 근거한 이미지다. 그래서 그 이미지를
세상 사람들에게 투사하면, 그들은 그것을 적당히 수정해
받아들이고, 자신들의 이야기에 따라 나에게 반응한다.

그것이 내 이야기인 까닭에, 나는 거기에 등장하는 조연
들의 이미지도 내가 창조한다는 걸 알았다. 조연들도 모두
실존인물이긴 하지만, 그들에 대한 나의 믿음은 내가 만든
이야기다. 어머니, 아버지, 형제자매, 친구, 애인, 심지어 개
와 고양이의 역할까지도 내가 만든다. 한 사람을 만나면, 그
가 어떤 사람인지를 내가 정한다. 머릿속에 있는 온갖 지식
에 근거해서 그를 판단한다. 이렇게 해서 내가 만든 그들의
이미지를 기억하게 되는 것이다.

내 이야기 속에서 당신은 내가 창조한 조연이며, 나는 당
신과 상호작용한다. 당신은 내가 그렇게 봐주기를 바라는

당신을 투사하고, 나는 내 생각에 의존해 그것을 수정한다. 그리고는 내가 '생각'한 당신이 바로 당신이라고 확신하는 거다. 사실은 당신에 관해 아는 것도 전혀 없으면서 '나는 당신을 안다'는 말도 한다. 내가 아는 것은 당신에 관해 내가 만든 이야기뿐이다. 누군가에 대해 아는 것이 그 사람을 두고 만든 내 이야기뿐이라는 사실을 알기까지는 상당한 세월이 흘러야 했다.

　그게 진실이 아님을 깨달을 때까지 수년간, 나는 나를 아는 줄 알았다. 내가 아는 건 나에 관해 내가 만든 이야기뿐이었다. 그러다가 문득 나라고 생각하는 그 사람이 내가 아니라는 것을 알게 되었다. 내가 남들을 모르고 남들도 나를 모른다는 사실을 알게 된 것은 참으로 흥미로우면서 놀라운 경험이었다.

　진실은 우리 모두 자기가 '아는' 것만 안다는 것, 자기가 만든 이야기를 아는 게 전부라는 것이다. 하지만 당신은 이런 말을 수없이 들었을 것이다. "나는 내 아이들을 잘 알아요. 그런 짓을 할 아이들이 아니에요." 정말로 자녀들을 잘 안다고 생각하는가? 배우자를 잘 안다고 생각하는가? 좋다, 하지만 당신 배우자가 당신을 잘 안다고는 생각하지 않을 것이다. 그 누구도 정말로 당신을 안다고는 생각하지 않을 것이다. 그러는 당신은 자신을 제대로 알고 있는가? 다른 누군가를 정말 알고 있는가?

나는 내 어머니를 안다고 생각했다. 하지만 실제로 아는 것은 내 이야기 속에서 내가 그분께 맡긴 배역配役이 전부였다. 나에게는 어머니 역을 맡은 등장인물의 이미지가 있다. 내가 아는 것은 그분이 이런저런 분이라고 '생각하는' 것이 전부다. 나는 어머니가 자기 자신을 어떻게 생각하는지 모른다. 어머니만 자신이 누구인지를 안다. 아니, 실은 어머니 스스로도 모르실 것이다.

당신도 마찬가지다. 당신 어머니는 당신을 잘 안다고 말할 것이다. 하지만 정말 그런가? 그렇지 않을 것이다. 당신이 마음속으로 무슨 생각을 하는지 어머니가 모른다는 사실을 당신은 안다. 어머니가 아는 것은 당신에 대한 자신의 생각이 전부다. 이 말은 당신에 관해 거의 아무것도 모른다는 얘기다. 당신은 어머니의 이야기에 등장하는 조연으로, 아들이나 딸 역할을 맡고 있다. 당신 어머니는 당신에 대한 이미지를 창조하고, 당신이 그 이미지에 맞기를 바라신다. 만일 당신이 어머니가 정해주신 배역에서 어긋나는 짓을 한다면 어떻게 될까? 그분은 마음에 상처를 받고, 자신이 설정한 배역에 당신을 맞추려고 애쓰실 것이다. 어머니가 당신을 통제하면서 이래라 저래라, 이러지 마라 저러지 마라 매사에 간섭하면서 본인의 생각을 주입하시는 이유가 여기에 있다.

그게 어머니의 관점에 불과하다는 것을 안다면 당신의 견해를 애써 지킬 이유는 무엇인가? 당신이 뭐라 말하건 중요하지 않다. 무슨 말을 해도 어머니는 믿지 않으실 테니까. 그것이 어머니의 견해가 아닌데, 어떻게 당신 이야기를 믿으실 수 있겠는가? 당신이 택할 수 있는 최선은 화제를 바꾸고, 어머니가 계신다는 사실에 기뻐하며, 있는 그대로 그분을 사랑하는 것이다. 이렇게 알아차린다면 당신은 어머니가 당신 이야기 속에서 무슨 일을 했더라도 용서할 수 있을 것이다. 용서라는 행위를 통해 당신과 어머니의 관계는 완전히 달라질 것이다.

　사람들이 저마다 자기 이야기를 만들고 그 속에서 살아간다는 걸 알았는데, 내가 어떻게 그들을 계속해서 심판할 수 있겠는가? 내가 그들의 이야기에 등장하는 조연이라는 걸 알았는데, 어떻게 그들의 말을 내 것으로 받아들이겠는가? 나는 사람들이 내게 하는 말이 자기 이야기 속의 조연한테 하는 말이라는 사실을 안다. 사람들이 나에 관해 뭐라고 하든, 그것은 그들이 만든 내 이미지를 투사하는 것에 불과하다. 나하고는 아무 상관이 없다. 나는 그중 어떤 것도 내 것으로 받아들이면서 시간을 낭비하지 않는다. 다만 나 자신의 이야기를 창조하는 데 초점을 맞춘다.

　우리는 저마다 자기 이야기를 만들고, 저만의 방식으로

자기를 표현할 권리가 있다. 하지만 이야기 속 조연들을 우리가 만든 이미지와 역할에 맞추려고 얼마나 애를 쓰는가? 우리는 아이들이 우리가 원하는 대로 되기를 바란다. 난감한 일이다. 그런 일은 결코 없을 것이다. 또 우리는 배우자가 원하는 이미지에 맞지 않으면 화를 내거나 상처 입는다. 그러다가 배우자를 통제하려고 한다. 이렇게 해라, 하지 마라, 저렇게 생각해라, 하지 마라, 잔소리하는 것이다. 심지어는 어떻게 걸을지, 무엇을 입을지, 어떻게 말할지 조목조목 일러도 준다. 같은 짓을 아이들에게도 하고, 그건 결국 통제권을 다투는 전쟁으로 커진다.

육신의 수명은 비록 백년을 산다 해도 아주 짧은 것이다. 이 사실을 알았을 때 나는 사랑하는 사람들과 다투는 데 시간을 쓰지 않겠노라 굳게 다짐했다. 나는 그들과 더불어 인생을 즐기고 싶다. 내가 만든 이미지로서의 그들이 아니라 있는 그대로의 그들을 사랑하면 된다. 그들이 만든 이야기는 중요치 않다. 어머니의 이야기와 내 이야기가 어긋나도 괜찮다. 나는 어머니를 사랑하고 어머니가 계셔서 좋다. 나는 내 이야기를 어머니에게 강요하지 않는다. 다른 누구에게도 그러지 않는다. 나는 어머니 이야기를 존중한다. 거기에 귀를 기울이고, 그것이 틀렸다고 우기지 않는다.

다른 누군가가 당신의 이야기를 쓰려고 한다면, 그것은 당신을 존중하지 않는다는 뜻이다. 그들이 당신을 존중하지 않는 까닭은 당신이 괜찮은 작가가 못된다고, 그래서 자신의 이야기를 쓰지 못한다고 생각하기 때문이다. 하지만 당신은 자신의 이야기를 쓰려고 태어난 사람이다. 존중은 사랑으로부터 오는 것이다. 존중이야말로 사랑의 위대한 표현 가운데 하나다.

나는 나 자신 또한 존중한다. 다른 누가 내 이야기를 쓰는 것을 허락할 수 없다. 내 이야기는 내 책임이고 내가 만드는 것이다. 나는 예술가다. 나는 내 작품을 존중한다. 내 작품을 다른 사람 작품과 비교할 수는 있지만 선택은 내가 한다. 내 작품에 대한 책임은 내가 진다. 내가 내 이야기를 좋아하지 않는다는 사실을 처음 알게 되자 생각했다. '좋아, 나는 작가다. 이야기를 바꾸자.' 그래서 시도했지만 실패했다. 그래도 멈추지 않고 여러 번 시도했으나 번번이 실패였다. 그건 내 이야기에 등장하는 조연들을 바꿔놓으려고 했기 때문이었다. 조연들을 바꾸면 내 이야기가 달라질 거라고 생각했는데, 천만의 말씀! 그게 아니었다.

문제는 우리 이야기에 등장하는 조연들한테 있는 것이 아니다. 그들한테서 보는 것은 우리가 생각하는 이미지의 투사인데, 그건 부차적인 문제다. 중요한 문제는 이야기의 주인공한테 있다. 우리가 자기 이야기를 좋아하지 않는 것은 이야기의 주인공에 대한 자신의 생각을 좋아하지 않기 때문이다. 이야기를 바꾸는 길은 하나뿐이다. 자기 자신에 대한 생각을 바꾸는 것이다.

이것이 '알아봄(awareness)'이라는 커다란 진전이다. 우리가 자신에 대해 알고 있는 거짓말을 치워버리면 마법처럼 다른 사람들에 대한 거짓말도 바뀔 것이다. 그때 우리 이야기의 조연들도 바뀐다. 이 말은 우리가 이 사람을 저 사람으로 바꾼다는 의미가 아니다. 조연들은 그대로다. 바뀐 것은 그들에 대한 우리의 생각이다. 우리가 그들에게 투사한 내용이 바뀌면, 그들과 우리의 상호작용도 달라진다. 그리고 그 변화로 인해 그들이 우리를 인식하는 방법도 달라진다. 그 변화로 인해 그들의 이야기에 조연으로 등장하는 우리의 역할도 달라진다. 수면 위로 번져가는 잔물결처럼 우리가 스스로를 바꾸면 다른 모든 것이 따라서 바뀐다.

오직 당신만이 자신의 이야기를 바꿀 수 있다. 그리고 그 일은 자기 자신과의 관계를 바꾸는 것으로 가능하다. 당신 이야기의 주인공이 달라질 때마다 마법처럼 그 새로운 주인공에 맞추어 전체 이야기가 달라진다. 어쨌거나 주인공이 바뀌고 있기 때문에, 그 변화는 자신도 모르게 저절로 이루어진다.

여덟 살이나 아홉 살 때 세상을 인식하는 방식과 열다섯 살이나 열여섯 살 때 세상을 인식하는 방식은 다르다. 이십

대 초반이 되면 또 달라진다. 처음 결혼했을 때나 첫 아이를 낳았을 때는 세상이 다르게 보인다. 당신이 자신에 대해 알고 있는 것도 바뀐다. 관점도 바뀐다. 자신을 표현하는 방법도, 세상에 반응하는 방법도 달라진다. 모든 게 바뀐다. 그 변화가 하도 극적이어서 마치 두 가지 꿈처럼, 다른 두 사람처럼 보일 수도 있다.

당신의 이야기에 나오는 조연들도 바뀐다. 십대 때 알던 아버지와 어머니는 이십대, 삼십대, 사십대가 되면서 계속 달라진다. 당신은 매일 이야기를 새로 쓴다. 아침에 눈뜨고 일어날 때마다 새로운 날을 맞는다. 이야기를 계속 쓰려면, 다시 말해서 계속 살아가려면 잠들기 전에 지금 자신이 어디에 있는지, 자신의 이야기가 어디에 있었는지 파악해야 한다. 그리고 일터로 나가 그날 계획된 일들을 해내는 동시에 자신의 이야기를 계속 써나간다. 자기가 그러고 있는 줄도 거의 모르면서.

자신에 대해 들려주는 이야기를 포함해서 당신 이야기의

모든 것이 끊임없이 변한다. 이십 년 전 이야기꾼이 당신이 누군지를 말해주었고, 당신은 그 말을 믿었다. 오늘은 같은 이야기꾼이 당신에 대해 전혀 다른 이야기를 들려준다. 물론 그는 말할 것이다. '아, 그동안 많은 경험을 했잖아. 그래서 지금은 내가 더 많이 알고 더 지혜로워졌어.' 그건 그냥 또 다른 이야기일 뿐이다. 당신의 인생 전체가 하나의 이야기였다.

당신에게 어린 시절의 이야기가 있다면, 당신 아버지, 어머니, 형제자매도 저마다 다른 이야기가 있을 것이다. 우리가 꿈이라는 틀을 공유하고 있기 때문이다. 두 사람이 이십 년 전 같은 사건을 두고 말한다면, 두 개의 다른 이야기처럼 들릴 것이다. 아버지가 "그게 그랬던 거야. 내가 맞다." 그러면 당신은 이렇게 말한다. "아니, 아니에요. 아버지가 틀렸어요. 실은 이랬던 겁니다." 자, 누가 옳고 누가 틀렸는가? 글쎄, 서로의 이야기에 의하면 둘 다 옳다.

같은 사건을 백 사람이 말한다면 아마 백 가지 이야기를

들게 되고, 저마다 자기가 옳다고 우길 것이다. 물론 그건
그 사람에게만 옳은 얘기다. 당신 이야기도 당신에게만 옳
은 것이다. 하지만 지식의 목소리는 자기 이야기가 옳다는
증거를 여기저기서 찾아낸다. 자신이 옳고 다른 사람이 틀
렸음을 입증해줄 동맹군을 찾아 나서기도 한다. 왜 자기 이
야기가 옳다는 걸 입증해야 하는가? 당신에겐 다른 사람이
틀렸음을 밝혀낼 근거가 없다. 그들의 이야기가 그들에게는
옳기 때문이다. 당신 이야기 속에서는 당신이 옳다. 그러니
옳고 그름은 이제 물 건너간 것이다. 더는 자신의 이야기를
방어할 필요가 없다.

   이 정도 수준의 알아차림에 이르면, 다른 사람들의 말을
자기 것으로 받아들이지 않기가 한결 쉬워진다. 주변 모든
사람이 이야기꾼이고 저마다 진실을 왜곡한다는 걸 알고
있기 때문이다. 우리가 서로 나누는 이야기도 그냥 각자가
인식한 것들이고 각자의 관점일 뿐이다. 우리에게 있는 것
이라고는 자기 견해가 전부이기 때문에 이는 지극히 당연

한 일이다. 이것이 자기가 본 것을 서술하는 방식이다.

우리의 견해는 저마다의 '지식나무' 안에 있는 것, 마음 속 프로그램에 따른다. 또한 정서적, 육체적으로 어떻게 느끼느냐에 따라서 시시각각 변한다. 화가 날 때 달라지고 행복할 때 달라진다. 피곤하거나 배고플 때도 우리는 다르게 감지한다. 우리네 인간은 무엇을 말하고, 어떻게 느끼고, 무엇을 바라는지를 끊임없이 수정하며 살아간다. 심지어 다른 사람들이 말하는 내용도 수정한다!

알다시피, 우리가 자기 이야기를 만드는 방식은 아주 흥미롭다. 우리는 몸으로 감지한 모든 것을 우리가 이미 아는 것과 일치하도록 왜곡하는 경향이 있다. 자신의 거짓말에 맞추려고 수정하는 것이다. 어떻게 그런 일을 하는지 볼수록 놀랍다. 우리는 아이들의 이미지를 왜곡하고, 배우자의 이미지를 왜곡하고, 부모의 이미지를 왜곡한다. 심지어 개나 고양이의 이미지도 왜곡한다. 사람들이 나에게 와서 말한다. "오, 우리 집 개에 대해서 나는 많은 것을 알게 됐어요. 거의 사람입니다. 나하고 말까지 주고받는다니까요?" 그리고 정말 그렇다고 생각한다. 그런데 개한테 문제가 생겨서 동물병원 심리치료사를 찾아가는 사람이 얼마나 많은가? 우리가 얼마나 자기 이야기를 왜곡하지 알겠는가? 물론 개하고 정서적 교감이 있으니 현실에 근거한 이야기는 맞지만, 개가 사람처럼 말하거나 사람과 같다는 것은 사실이 아니다.

아이들에 대해서도 우리는 이렇게 말한다. "우리 아이들은 최고입니다. 이것도 하고 저것도 해요." 다른 사람이 그 말에 대꾸한다. "아닐 걸? 우리 애들 한번 보라고." 각자의 스타일이 있는 예술가로서 우리는 자기 이야기를 왜곡할 권리가 있다. 어쨌든 그게 우리의 최선이다. 그 왜곡은 우리의 관점이며, 나름 의미가 있다. 우리는 자기 이야기를 투사해보고, 그게 왜곡이라는 것을 알게 되면 자신의 진실로 돌아올 수 있다. 그러니 누가 왜곡된 우리 이야기를 예술이 아니라고 한단 말인가? 이는 예술이고, 그래서 아름다운 것이다.

인간은 하느님의 이야기꾼이다. 감지하는 모든 것을 해석할 수 있는 무엇이 우리 안에 있다. 우리는 모두 주변에서 일어나는 온갖 일을 서술하려 애쓰는 하느님의 기자記者들 같다. 이야기를 지어내는 게 우리 본성이며, 그래서 언어도 만든 것이다. 세계 모든 종교들이 아름다운 신화를 만든 것도 그래서다. 우리는 아는 것을 표현하고 싶고, 나누고 싶다. 이런 행동이 언제 어디서나 일어나고 있는 것이다.

누군가를 새로 만나면 당장 그 사람 이야기가 알고 싶어진다. 그래서 몇 가지 중요한 걸 묻는다. "뭐하는 사람이에요? 어디 살아요? 아이들은 몇이에요?" 이런 정보들이 서로 교환된다. 우리는 자기 관점을 말하고, 자기 느낌을 드러내고, 자기 이야기를 나누고 싶어 한다. 뭔가 좋은 것을 경험하면 모두에게 말해주고 싶다. 그래서 말이 많아지는 것이다. 혼자 있을 때도 우리는 자기 이야기를 나누고 싶어서 자기 자신한테 들려준다. 아름답게 지는 해를 보고선 "와, 저 황홀한 일몰!" 주변에 아무도 없다 해도 어쨌거나 말을 한다.

　우리는 또 다른 사람들 이야기도 알아야 한다. 서로 견주어보고 싶어서다. 예술가인 우리는 작품들을 비교해보고 싶어 한다. 어떤 영화를 보고 좋으면 함께 갔던 친구에게 묻는다. "그 영화 어땠어?" 그 친구는 나와 견해가 다르고, 내가 아직 못 본 다른 영화 이야기를 해준다. 그러면 우리는 생각을 바꿔서 이렇게 말한다. "그러게 영화가 기대만큼 좋지는 않더군." 우리는 계속해서 정보를 교환하고, 자기 이야기를 수정한다. 이런 식으로 인류의 꿈이 진화하는 것이다. 우리의 개인적인 꿈이 다른 사람들의 꿈과 섞이고, 그것이 더 큰 사회의 꿈으로 펼쳐진다.

　당신은 지금도 자신의 이야기를 쓰는 중이다. 장담컨대 그건 당신의 예술이다. 이야기를 만들고, 그것을 다른 사람들과 나누는 예술이다. 오늘 내가 당신을 만난다면 나는 이야기 뒤에 있는 진짜 당신을 볼 것이다. 당신을 통해 예술을 창조하는 '생명의 힘'을 볼 것이다. 우리 모두 전문 이야기꾼들이기 때문에 당신의 이야기는 최고의 시나리오가 될 것이다. 하지만 나는 당신이 무슨 말을 하든지 그것이 하나의 이야기에 불과하다는 것을 안다. 당신의 이야기를 믿을 필요는 없지만 그래도 그 이야기를 들으며 즐길 수는 있다. 영화 〈대부(The Godfather)〉를 보고 그 내용을 믿지는 않아도 즐길 수는 있지 않은가?

지금 나는 내가 자유를 회복한 과정을 당신과 나누는 중이다. 내 이야기를 이렇게 나눌 수 있어서 고맙지만 이것도 하나의 이야기, 나한테만 진실인 이야기다. 그러면서 알게 된 재미있는 사실은, 이야기를 할 때마다 내용이 조금씩 달라진다는 것이다. 될 수 있으면 이야기를 왜곡하지 않으려 하지만 나 자신의 이야기도 달라진다. 그렇게 왜곡되었더라도 당신이 이해할 수 있다면, 내 이야기를 당신 이야기와 견주어볼 수도 있을 것이다.

우리는 자기가 만든 것을 보지 못할 때가 자주 있다. 제가 만든 거짓말을 못 보는 것이다. 그러나 때로 다른 누군가에 비친 자신의 위대함을 볼 수는 있다. 다른 사람의 사랑을 경험하면서 자기가 얼마나 대단한 존재인지를 볼 수 있다. 평범한 예술가에서 탁월한 예술가로, 자기 예술을 향상시키는 법을 알게 될 수도 있다.

　일단 자기 이야기가 보일 만큼 깨어있으면, 주인공을 창조하는 또 다른 방법이 있음을 알게 된다. 이때 깨어서 알아보지 못하면 달리 할 수 있는 일이 없다. 이야기에는 힘이 있어서 이야기가 저 자신을 써내려가기 때문이다. 우리가 이야기를 만들고 그 이야기에 힘을 주면, 그 이야기가 우리의 삶을 굴려간다. 하지만 그것을 알아보게 되면, 우리는 이야기의 통제력을 회복할 수 있다. 이것이 좋은 소식이다. 이야기가 마음에 들지 않는다면, 우리가 작가니까 우리가 바꿀 수 있다.

◆ 자신에 대한 이야기를 만든 작가는 바로 당신이다. 당신

이야기 속에서는 모든 것이 당신에 관한 것이고, 그럴 수밖에 없
는 까닭은 모든 인식의 중심이 자신이기 때문이다. 당신의 관점
에서 기록된 것이 당신의 이야기다.

◆ 당신 이야기에 등장하는 조연들의 이미지를 창조하는 것
도 당신이다. 당신은 그들에게 역할을 맡긴다. 그러나 조연들에
대해 아는 것이라곤 그들에 대해 당신이 지어낸 이야기가 전부
다. 당신은 다른 사람들을 모르고 다른 사람들도 당신을 모른다
는 것이 진실이다.

◆ 존중이야말로 더없이 큰 사랑의 표현이다. 다른 누가 당신
이야기를 쓰려고 한다면, 그건 당신을 존중하지 않는다는 뜻이
다. 그는 당신이 자기 이야기를 쓸 만큼 훌륭한 작가라고 보지 않
는다. 그러나 당신은 자신의 이야기를 쓰려고 태어난 사람이다.

◆ 당신 이야기를 바꾸는 유일한 길은 자신에 관해 믿는 내용

을 바꾸는 것이다. 자기 자신에 대해 믿는 거짓말을 깨끗이 치워 버리면, 다른 사람들에 대해 믿는 거짓말도 바뀔 것이다. 자기 이 야기의 주인공이 변화할 때마다 그 새로운 인물에 맞추어 전체 이야기가 바뀐다.

◆ 당신에 관한 누군가의 말을 자기 것으로 받아들이는 데 시 간을 쓰지 말라. 다른 누가 당신에게 뭐라고 한다면, 그건 자기 이야기 속의 조연한테 말하는 것이다. 당신을 두고 누가 뭐라고 했다면 그건 자기가 만든 당신의 이미지를 투사한 것일 뿐, 당신 과는 무관하다.

◆ 인간은 하느님의 이야기꾼이다. 이야기를 만들고 자기가 감지하는 것들을 해석하는 것은 우리의 본성이다. 여기에 깨어 있지 못하면 우리는 자신의 힘을 이야기에 넘겨주게 되고, 이야 기가 스스로 제멋대로 만들어진다. 깨어있으면 자기 이야기를

통제할 힘이 회복된다. 우리는 스스로 작가임을 알고 있기에, 자기 이야기가 마음에 들지 않으면 고칠 수 있다.

제6장

내면(內面)의
평화

두 가지 규칙으로
목소리 길들이기

나는 사람들이 창작해내는 이야기를 계속해서 탐색해보
았다. 그래서 발견한 것은 이야기에 목소리가 있다는 사실
이다. 그 목소리는 아주 크지만 오직 자신에게만 들린다. 앞
서 말했듯이, 원한다면 그것을 '생각'이라고 불러도 좋다.
나는 그것을 '지식'이라고 부른다. 그 목소리는 늘 거기에
있다. 결코 멈추지 않는다. 실제로 존재하는 건 아니지만 우
리에겐 들린다. 물론 당신은 이렇게 말할 수도 있다. "음, 이
건 나야. 내가 말하는 거라고." 하지만 지금 말하는 목소리
가 당신이라면, 그걸 듣는 것은 누구인가?

지식의 목소리(the voice of knowledge)를 '당신 머릿속
에 사는 거짓말쟁이'라고 부를 수도 있다. 당신 머릿속에는
아름다운 '지식나무'가 한 그루 있는데, 그게 누구 집이겠는
가? '거짓의 왕자'가 사는 집이다. 바로 이것이 문제다. 거짓

의 목소리는 당신의 언어로 말하지만, 당신의 영靈과 진실은 말이 없기 때문이다. 당신은 다만 진실을 알 뿐, 그걸 느낄 뿐이다. 영靈의 목소리가 밖으로 나오려 해도 거짓의 목소리가 너무 크고 강해서 그것이 언제나 당신의 마음을 사로잡는다.

당신은 목소리를 듣는다. 하나의 목소리가 아니라 수많은 목소리가 한꺼번에 아우성치는 것을 듣는다. 그것들이 뭐라고 하는가? '나 좀 봐. 넌 네가 누구라고 생각하니? 넌 절대로 해내지 못할 거야. 넌 똑똑하지 않아. 내가 왜 그래야 하는데? 아무도 나를 몰라. 그 남자가 무슨 짓을 한 거야? 그 여자는 뭐라는 거야? 그가 나를 사랑하지 않으면 어쩌지? 나 너무 외로워. 아무도 내 곁에 있으려 하지 않아. 아무도 나를 좋아하지 않아. 사람들이 나에 대해 뭐라 말하는 거지? 그들이 나를 어떻게 볼까? 세상이 너무 불공평해. 저렇게 많은 이들이 굶고 있는데 내가 어떻게 행복할 수 있겠어?'

지식의 목소리는 당신이 어떤 사람인지, 또 어떤 사람이 아닌지를 끊임없이 말하고 있다. 닥치는 대로 모든 것을 분별하려고 한다. 내가 그것을 '지식의 목소리'라고 부르는 까닭은, 그것이 제가 아는 것만 말하고 있기 때문이다. 그것은 끝없이 이어지는 대화 속에서 자신의 견해를 말한다. 그저 헛소리만 하는 게 아니라 모든 것을 판단하고 비난하기 때문에 많은 사람들에게 더욱 고약하다. 끊임없이 머릿속을 자신과 주변 사람들에 대한 헛소문으로 어지럽히는 것이다.

그 목소리의 대부분이 거짓말인 까닭은 당신이 그동안 배운 것들을 말하고 있기 때문이다. 당신은 거짓말, 주로 자신에 관한 거짓말을 많이 배웠다. 거짓말쟁이가 눈에 보이지는 않지만 그 목소리는 들린다. 지식의 목소리는 당신 머리에서 또는 주변 사람들한테서 나오는 것들이다. 그것은 당신의 견해거나 다른 사람의 견해일 수도 있지만, 그 목소리에 대한 감정적 반응은 바로 이것이다. '내가 당했구나.'

우리가 자신을 판단하고, 그래서 죄의식을 품고 자기를

벌하는 것은 머릿속 목소리가 거짓말을 하기 때문이다. 우
리가 아버지, 어머니, 자식 또는 사랑하는 사람과 갈등을 일
으키는 것도 우리가 그 거짓말을 믿고 그들도 그것을 믿기
때문이다. 하지만 여기서 끝나지 않는다. 거짓말을 믿으면
진실을 모르고, 그래서 수많은 추측을 진실로 여기게 된다.

　우리가 하는 가장 큰 추측은 자기가 믿는 거짓을 진실로
받아들이는 것이다! 예컨대 우리는 자기가 누군지 안다고
생각한다. 그래서 화를 내며 말한다. "그래, 나 이런 사람이
야!" 질투가 날 때도 "그래, 나 이런 사람이야!" 누가 미워도
"그래, 나 이런 사람이야!" 그런데, 정말 그런가? 확실히 그
렇다고는 할 수 없는 것이다. 다만 그렇게 말한 사람이 나였
다고, 그래서 스스로 원치 않는 말을 내뱉은 것도 나였다고
추측할 따름이다. 그러고 있는 게 내가 아니고 나의 낡은 버
릇이었음을 처음 발견했을 때, 그것은 엄청난 충격이었다.
이 낡은 버릇이 완전히 몸에 익을 때까지 연습하고 또 연습
해온 것이다.

  '나 이런 사람이야!' 이렇게 말하는 목소리는 지식의 목소리, 머릿속 '지식나무'에 살고 있는 거짓말쟁이의 목소리다. 톨텍은 이것을 전염성 높은 정신질환으로 본다. 지식을 통해 사람에서 사람으로 쉽게 옮겨지기 때문이다. 이 병의 증세는 두려움, 분노, 증오, 슬픔, 질투, 갈등 그리고 사람과 사람 사이를 갈라놓는 벽이다. 다시 말하지만, 이런 거짓말들이 우리 인생이라는 꿈을 지배하고 있다. 내 눈에는 이것이 분명한 사실이다.

  할아버지는 이것을 아주 간단하게 일러주셨다. "미겔, 갈등은 진실과 진실 아닌 것들 사이에서 일어나는 것이다." 이는 할아버지가 새롭게 말씀하신 무엇이 아니다. 이천 년 전 위대한 스승 가운데 한 분의 말씀이다. "너희가 진실을 알게 될 터인즉, 진실이 너희를 자유롭게 해줄 것이다." 무엇으로부터의 자유? 온갖 거짓으로부터의 자유! 특히 머릿속에서 틈만 나면 거짓을 말하는 거짓말쟁이로부터의 자유다. 우리는 그것을 '생각'이라고 부른다. 나는 자주 학생들에게 말한다. "자기 머릿속에서 나오는 목소리라고 해서 진실은 아닙니다. 그 목소리를 믿지 마세요. 그러면 목소리가 별 힘을 행사하지 못할 겁니다."

이 진실을 아주 잘 보여주는 영화가 있다. 〈뷰티풀 마인드(A beautiful Mind)〉라고, 주인공이 조현병 환자라고 해서 관심이 갔던 영화다. 그는 탁월한 천재지만 세상에 없는 사람들을 본다. 그들이 주인공의 인생을 지배한다. 그가 그들의 말을 듣고 그들이 하라는 대로 하기 때문이다. 그들은 주인공에게 거짓말을 하고, 그들의 말을 듣다가 주인공의 삶은 결국 파괴된다. 그는 아내가 정신병원으로 데려갈 때까지 그들이 허깨비라는 생각을 한번도 해보지 않았다. 정신분열증 진단을 받고 약물을 투입하자 환영幻影은 사라지지만, 이번에는 약물부작용이 문제다. 그래서 약을 끊자 다시 환각이 나타난다. 하지만 자기 말고는 아무도 그들을 보지 못한다는 사실을 알게 된 주인공은 이제 선택해야 한다. 병원으로 돌아가서 자신이 정신병에 걸렸다는 사실을 받아들이고 아내와 헤어져 살 것인가, 아니면 환각을 직시하고 극복할 것인가.

자기 눈에 보이는 사람들이 진짜가 아니라는 것을 깨달자 주인공은 아주 멋진 결심을 한다. '저들에게 눈길을 주지 않겠다. 저들의 말을 믿지 않을 것이다.' 그가 더 이상 믿지 않기로 하자 환영들이 그에게 부리던 힘을 잃는다. 이 깨달음으로 그는 평안을 찾는다. 그렇게 수년간 외면하자 더 이상 그들은 주인공에게 말을 걸지 않게 되었다. 여전히 환영이 보이기는 해도 그들 때문에 시간을 낭비하지는 않는다. 그들의 말을 듣지 않기 때문이다.

훌륭한 영화다. 머릿속에서 들려오는 목소리를 믿지 않으면 그것이 당신을 지배하는 힘을 잃게 되고, 그러면 당신은 다시 온전해진다는 것을 보여주고 있다. 머릿속의 목소리는 실재하는 것이 아니지만, 그것이 당신의 삶을 통제하기 시작하면 막강한 폭군이 된다. 일단 거기에 사로잡히면 그것이 원하는 대로 하게 된다.

  그 목소리 때문에 속으로는 '아니다'라고 하고 싶은 것을 '그렇다'고 했던 적이 몇 번인가? 반대로 '그렇다'고 말하고 싶은 것을 '아니다'라고 한 적은? 목소리 때문에 가슴 깊이 느껴서 아는 것을 얼마나 자주 의심했던가? 머릿속 목소리를 믿어서 생겨난 두려움 때문에, 평생 꼭 해보고 싶었던 일을 할 기회를 놓친 적은 몇 번인가? 지식의 목소리 때문에 정말로 사랑했던 사람과 헤어진 적은 없는가? 목소리가 시키는 대로 하느라 누군가를 통제하려 했던 적은 얼마나 많았는가? 그 목소리를 믿고 화를 내거나 질투하거나 자제력을 잃고 사랑하는 사람에게 상처를 입힌 적은 대체 몇 번인가?

  당신은 지식의 목소리가 내린 지시를 따라, 그 거짓말이 시키는 대로 무슨 짓을 했는지 알 수 있다. 영화에 나오는 환영들처럼, 그 목소리는 당신 자신을 거슬러 무슨 짓을 하라고 끊임없이 말한다. 영화 속 주인공과 유일하게 다른 점은 당신에게는 환영이 보이지 않는다는 것이다. 그러나 목소리는 들린다. 그것은 압도적이고 결코 멈추지 않지만, 우리는 스스로를 제정신이라고 생각한다.

지식의 목소리가 저 홀로 지어내는 이야기라는 것은 분명하다. 한 가지 생각에 사로잡히면 당신의 이야기는 곧장 그리로 나아가고, 그러면 당신은 정처 없이 여기저기로 끌려 다닌다. 모든 생각은 반복되는데, 머릿속에는 당신을 사로잡으려는 수많은 생각들이 경쟁하는 목소리가 순간순간 바뀌고 있다. 붕, 붕, 붕!

나는 지식의 목소리를 제가 원하는 곳으로 당신을 태워 가려는 야생마에 견주어본다. 당신에게는 그 야생마를 통제할 힘이 없다. 하지만 그것을 '멈출' 수 없다면 적어도 '길들이려는' 노력은 해볼 일이다. 나는 학생들에게 말한다. "일단 말을 길들이고 나면 여러분은 그 말을 타게 될 것이고, 그러면 생각이라는 것은 여러분이 원하는 곳으로 가는 데 유용한 도구가 될 것입니다."

어차피 자기 자신과 대화해야 한다면 좀더 다정하게 말

해보는 게 어떨까? 당신 자신이 얼마나 아름답고 놀라운 존재인지를 말해주면 어떤가? 목소리가 불쾌하고 난폭하면 매사에 재미가 없어진다. 목소리가 당신에게 거짓말을 한다면, 당신이 왜 부끄러워해야 하는지, 애인이 왜 당신을 사랑하지 않는지 일러주는 것이라면 차라리 귀 틀어막고 가만있는 게 낫다.

누군가를 좋아하지 않으면 그를 등지고 떠날 수 있다. 하지만 아무리 싫어도 자기 자신을 버릴 수는 없다. 어디를 가든지 거기엔 자기 자신이 있을 테니까. 당신은 당신 자신을 떠나지 못한다. 사람들이 알코올이나 마약으로 자기를 몽롱하게 만드는 이유가 그것이다. 자기 자신과 함께 있다는 걸 잊으려고 과식을 하거나 노름하는 사람들도 있다. 하지만 모두 괜한 짓들이다. 이야기꾼은 우리가 하는 모든 일을 심판하기 때문에 더 큰 수치심과 자기혐오로만 이어질 뿐이다.

나는 오래전에 지식의 목소리 듣는 일을 그만두었다. 밖에 나가서 "저 아름다운 구름 좀 봐. 꽃들이 피었구나. 흠,

향기도 기가 막히네." 그런 것들을 처음 보는 것처럼 나 자신에게 일러주던 날들이 생각난다. 더 이상 나는 나 자신에게 이야기를 들려주지 않는다. 내가 무엇을 아는지 나는 알고 있다. 자기가 알고 있는 것을 자기한테 말해줄 까닭이 무엇인가? 그게 말이 되는가? 그건 그냥 버릇일 뿐이다. 나는 나 자신에게 이야기를 들려주는 데 아까운 시간과 에너지를 쓰지 않는다. 내 머릿속에는 더 이상 끊임없이 웅얼거리는 목소리가 없다. 이게 얼마나 큰 놀라움인지 나는 안다.

　당신은 자신과 속으로 대화할 이유가 전혀 없다. 생각하지 않아도 알 수 있다. 속으로 침묵하는 마음을 기르는 것이 얼마나 값진 일인지를 수천 년 전부터 사람들은 알고 있었다. 인도에서는 내면의 시끄러움을 잠재우려고 명상을 하고 주문(mantra)을 외기도 한다. 머릿속 평화를 맛보는 일은 말로 설명할 수 없이 오묘하다. 시끄러운 소리가 끊임없이 들리는 환경을 상상해보라. 덜컹, 덜컹, 덜컹. 그게 익숙해져서 소음을 전혀 못 느끼는 순간이 온다. 뭔가 성가시긴 한데 무

엇 때문인지는 모르겠다. 그러다 소음이 그치면 문득 고요
와 정적이 느껴지면서 '아...!' 하는 안도감이 느껴진다. 머릿
속의 목소리가 마침내 말을 멈추면 그런 느낌이 찾아올 것
이다. 나는 그것을 '내면의 평화'라고 부른다.

이것을 학생들에게 알려주었을 때, 그들은 내 말을 알아
듣고 이렇게 말했다. "우리 머릿속에 지식의 목소리가 있고,
그게 거짓말이라는 것은 압니다. 하지만 어떻게 하면 그것이
더는 말을 못하게 할 수 있을까요? 조금만 더 도와주세요."
그때 나는 이미 목소리를 정복한 뒤였고, 완전한 평화를 누
리고 있었다. 내가 말했다. "좋습니다. 여러분께 두 가지 규
칙(rules)을 일러드리겠습니다. 그 규칙을 따르기만 하면 목
소리를 길들이거나 거짓말과 겨루어 이길 수 있습니다."

거짓말쟁이를 길들이는 비결은 그가 하는 말을 더 이상
믿지 않는 것이다. 누군가 거짓말한다는 것을 이미 안다면
어찌 되겠는가? 그 말에는 아무 힘도 없을 것이다. 믿어주
지 않으면 거짓말은 더 이상 살아남지 못한다. 끝! 거짓이

사라진다. 간단하다. 하지만 바로 이 간단함 속에 커다란 어려움이 있다. 무슨 말이냐고? 자신의 거짓말을 믿는 것이 자기를 안전하게 해주는 것 같고, 남들의 거짓말을 믿어주는 것이 오히려 근사해 보이기 때문이다. 이런 어려움을 무릅쓰고 나아갈 준비가 되었을 때, 이 두 가지 규칙을 따르면서 그동안 자신의 '지식나무'가 마련해준 믿음 체계를 깨끗이 정화하게 될 것이다.

　규칙 하나, 당신 자신을 믿지 말라. 그러나 마음은 열어두라. 가슴도 열어두라. 자신에게 귀를 기울이고 자신의 이야기를 들으라. 하지만 그것을 믿지는 말라. 당신이 쓰는 이야기는 허구이기 때문이다. 그건 진실이 아니다. 머릿속 이야기가 들려올 때, 그것을 자기 것으로 받아들이지 말라. 당신은 지식이 대개 거짓말을 한다는 것을 알고 있다. 들으라, 그리고 그게 정말인지 아닌지 물어보라. 자신의 거짓말을 믿지 않으면 그것은 살아남지 못하고, 진실을 바탕으로 더 나은 선택을 할 수 있다.

자기 자신을 믿지 말라. 그러나 귀 기울여 듣는 법은 배우라. 지식의 목소리가 근사한 생각을 말할 때도 있기 때문이다. 그 생각에 동의가 되면 그대로 하라. 인생의 중요한 기회로 이어지는 영감의 순간일 수도 있다. 자신의 이야기를 존중하고 잘 듣는 법을 배우라. 자신의 이야기에 귀를 기울이면 자기 자신과의 소통이 백퍼센트 개선될 것이다. 자기 이야기를 명확하게 볼 수 있고, 그 이야기가 마음에 들지 않으면 바꿀 수도 있다.

특히 그 목소리를 이용해 스스로를 비난할 때, 당신 자신을 믿지 말라. 그 목소리는 진짜 자신을 드러내지 못하게 겁을 줄 수도 있다. 꼭 하고 싶은 일을 못하게 할 수도 있다. 오랜 세월 그 목소리는 당신 머리를 지배해왔다. 혼자 있겠다고 해도 목소리는 결코 당신을 떠나지 않을 것이다. 하지만 목소리가 하는 말을 믿지 않는 것으로 저항할 수는 있다. 그래서 '당신 자신을 믿지 말라'고 하는 것이다.

규칙 둘, 다른 누구도 믿지 말라. 지금 이 말을 하는 나까지도 포함해서다. 당신이 자신에게 거짓말하는 것처럼, 다른 사람들도 자신에게 거짓말한다는 것을 이제는 알고 있다. 그들이 자신에게 거짓말을 한다면, 당연히 당신한테도 거짓말을 할 것이다. 사람들이 당신에게 무슨 말을 할 때, 그들을 통해 그렇게 말하는 사람이 누구인가? 누가 그들에게 그리 말하라고 시키는가? 그들의 말이 과연 중심에서 나오는 말인지, 머릿속 '거짓의 왕자'한테서 나온 말인지 당신은 모른다. 그러니 그들을 믿지 말라. 하지만 판단 없이 귀기울일 줄은 알아야 한다. 거짓말을 한다고 해서 사람을 판단할 필요는 없다. 실제로는 모든 사람이 거짓의 왕자한테 사로잡혀 있으면서도 "그 친구, 못 말리는 거짓말쟁이야." 이렇게 말하기 십상이다. 도처에 거짓말이 있다. 사람들은 자기가 그러는 줄도 모르는 채 거짓말을 하고 있다. 때로는 자기가 하는 말을 그대로 믿기도 한다. 얼마든지 있을 수 있는 일이지만, 그런다고 그것이 진실이라는 뜻은 아니다.

아무도 믿지 말라. 하지만 마음이나 생각을 닫아버리라

는 뜻은 아니다. 다른 사람들의 이야기를 잘 들으라. 당신은 그것이 하나의 이야기에 불과하고 그들에게만 진실이라는 것을 안다. 귀 기울여 들으면 그들의 이야기를 이해할 수 있고, 그것들이 어디서 나오는지도 알 수 있다. 그러면 유익한 소통이 가능해진다. 저마다 자기 이야기를 하고 자기가 믿는 것을 밖으로 투사할 수 있다. 하지만 당신이 그 말에 동의해야 하는 것은 아니다. 믿지 말라. 그러나 듣기는 하라. 비록 그것이 하나의 이야기라 해도 때로는 그 사람의 중심에서 나온 이야기일 수도 있다. 그런 일이 일어날 때 당신의 중심이 그것을 알아차리고 거기에 동의할 수 있다. 그들의 목소리가 곧장 당신의 중심에 닿는다면, 그것이 진실임을 당신이 이미 알고 있다는 얘기다.

다른 사람의 말을 믿지 말라. 하지만 들으라. 다른 누구의 말을 통해서 훌륭한 영감을 받을 수도 있기 때문이다. 사람들이 자기 이야기를 만드는 방식이 당신의 이야기를 만드는 방식에 영향을 미칠 수도 있다. 그리고 거짓이 드러나면 그들이 그 거짓말을 얼마나 믿는지도 알 수 있다. 나 자신에게서는 보이지 않았던 거짓말이 바로 눈에 띌 수도 있을 것이다. 그들의 이야기에 귀를 기울이면 자신의 평소 행동에 대한 진실을 깨닫게 되고, 그 진실이 자기 이야기를 바꿔줄 수도 있다. 사람들의 이야기를 들으라. 그러나 믿지는 말라. 이게 열쇠다.

　누가 만일 "무슨 옷차림이 그래?"라고 말하더라도, 그 말로 하루를 망치지 말라. 당신은 그 말을 듣는다. 그러나 믿지는 않는다. 자신의 이야기에 비추어 그 말이 진실인지 아닌지 판단할 수 있지만 거기에 감정적으로 반응해야 하는 것은 아니다. 그 말이 옳다고 생각되면 옷을 갈아입으라. 그러면 문제가 없다. 이는 언제든지 가능하고 아주 간단한 일이다. 사람들은 자기 견해를 말할 수 있고, 당신이 그들의 견해를 물어볼 수도 있다. 그러나 믿지는 말라!

　이제 당신은 사람들이 당신에 대해 뭐라고 할 때, 각자의 이야기에 등장하는 조연에 대해 말한다는 것을 알고 있다.

자기네가 만든 당신의 '이미지'에 대해 말하는 것이다. 그것
이 당신과 아무 상관없음을 당신은 알고 있다. 하지만 거기
에 동의하면, 그들이 하는 말을 믿으면, 그들의 이야기가 당
신 이야기의 한 부분이 된다. 그것을 당신 것으로 받아들이
면, 그것이 당신의 이야기를 변형시킨다. 그것을 당신 것으
로 받아들이지 않으면 사람들의 견해가 전처럼 당신 인생
에 영향을 미치지 못하고, 당신은 그만큼 사람들을 넉넉하
게 견딜 수 있다. 이렇게 하면 괜한 다툼과 갈등도 피할 수
있다.

　당신 자신을 믿지 말고, 다른 누구도 믿지 말라. 이 두 가
지 규칙을 지키면 지식의 목소리에서 오는 온갖 거짓말이
당신의 회의懷疑(skepticism) 앞에서 살아남지 못한다. 회의
하라는 것은 판단하라는 게 아니다. 남보다 더 잘 안다고 생
각하라는 게 아니다. 다만 믿지 않을 뿐이다. 무엇이 진실인
지는 스스로 밝혀질 것이다. 이는 매우 흥미로운 사실이다.
당신이 아무리 의심하고 믿지 않아도 진실은 진실로 살아

남기 때문이다. 이것이 진실의 아름다움이다. 진실은 누가 믿어주기를 바라지 않는다. 누가 믿거나 말거나 진실은 진실이다. 거짓말도 그렇다고 할 수 있을까? 아니다. 거짓말은 저를 믿어주는 누군가 있어야만 존재할 수 있다. 당신이 믿어주지 않으면 그냥 사라져버린다.

우리가 믿거나 말거나 해는 날마다 하늘에 떠있다. 온 세상 사람들이 평평하다고 믿어도 지구는 둥글다. 수백 년 전만 해도 사람들 모두 그 거짓말을 믿었다. 그들은 평평한 지구가 우주의 중심이며, 해가 지구를 돌고 있다는 사실을 조금도 의심 없이 믿었다. 하지만 사람들이 그렇게 믿어서 진실이 그러했던가? 아니다. 하지만 그런 믿음이 그들을 안심시켜준 것은 엄연한 사실이다.

사람들은 수많은 거짓말을 믿는다. 그 가운데 어떤 것은 너무나 교묘해서 그것이 거짓인 줄도 모르고, 자기 인생이 거기에 좌우된다고 생각한다. 우리가 자신에 대해 믿는 거짓말은 알아보기가 매우 어렵다. 이미 거기에 익숙해졌고,

그래서 당연한 것 같기 때문이다.

　예컨대, 당신이 '나는 쓸모없는 사람'이라는 거짓말을 믿는다면, 그 말이 마음속에 살아있다. 당신이 그 말을 믿기 때문이다. 사람들이 대단하다고 말해줘도 당신은 그 말을 믿지 않는다. 그 반대를 믿고 있기 때문이다. 당신의 믿음은 진실이 아닌 것에 뿌리를 내리고 있다. 그건 거짓말이다. 하지만 당신의 행동을 유발하는 것은 당신의 믿음이다. 쓸모없는 존재라는 느낌을 안고서 남들 앞에서 자신을 어떻게 드러내는가? 주눅이 든다. 무언가를 받을 만한 자격이 없다고 생각하면서 어떻게 그것을 달라고 하겠는가? 당신은 자기 자신에 대한 믿음을 다른 사람들에게 투사한다. 그러면 사람들은 그게 당신이라고 믿는다. 사람들은 당신을 그런 사람으로 대하고, 그러면 '쓸모없는 존재'라는 당신의 믿음은 더욱 단단해질 것이다. 그런데 진실은 무엇인가? 진실은 당신이 가치 있는 존재라는 사실이다. 모든 사람이 가치 있는 존재다.

당신이 '나는 대중 앞에서 말을 못하는 사람'이라는 거짓말을 믿으면, 그 믿음대로 될 것이다. 어쩌다가 대중 앞에 서는 날이면 겁에 질릴 것이다. 이런 믿음을 부수는 유일한 방법은 실제로 대중 앞에 서서 말을 해보는 것이다. 그러면 그것이 거짓말이었음을 알게 되고, 더는 사람들 앞에서 말하기를 겁내지 않게 될 것이다.

당신이 '나는 연애를 잘 못한다'고 믿으면 그 믿음대로 될 것이다. 당신이 '나는 사랑받을 가치가 없다'고 믿으면 사랑이 눈앞에 있어도 잡지 못할 것이다. 보이지 않을 테니까. 당신은 보고 싶은 것만 보고 듣고 싶은 것만 듣는다. 당신이 감지하는 모든 것이 자신의 거짓말을 뒷받침해줄 뿐이다.

이 말을 이해한다면 자신에 관해 얼마나 많은 거짓말을 믿고 있는지, 부모, 자녀, 형제자매, 또는 배우자에 관해 얼마나 많은 거짓말을 믿고 있는지 알게 될 것이다. 그들을 판단할 때마다 당신의 '지식나무' 속에 있는 거짓 믿음들의 목소리를 들려주고 있는 것이다. 이러한 거짓말에 힘을 실어주면 결과는 어떻게 될까? 분노, 질투, 증오다. 그런 감정의 독소들을 쌓아두었다가 자제력을 잃는 순간, 스스로 원치 않은 말이나 행동을 하게 되는 것이다.

지금 이 말의 힘을 알겠는가? 당신은 자신의 거짓말을 믿지 않는 것으로 인생을 바꿀 수 있다. 자신의 사랑과 행복을 억압하는 거짓말로부터 시작할 수 있다. 그런 거짓말에 대한 믿음을 거두어들이면, 그것이 더는 힘을 쓰지 못한다. 그러면 당신은 진짜 믿음을 회복해서 전과는 믿음을 갖게 될 것이다. 거짓말을 믿지 않으면, 인생의 모든 것이 마법처럼 달라진다.

호머의 『일리아드(Iliad)』에 내가 좋아하는 대목이 있다. "우리 신神들은 인간들이 우리를 믿는 동안에만 살 것이다. 더 이상 그들이 우리를 믿지 않을 때가 되면 모든 신들이 사라질 것이다." 몇 세기 전만 해도 수많은 사람들이 그리스 신들을 숭배했다. 오늘날에는 그냥 전설일 뿐이다. 우리가 거짓을 믿지 않으면, 그것은 사라진다. 그리고 진실이 또렷하게 드러난다.

우리는 많은 거짓말의 노예지만 우리를 자유롭게 해줄 것은 오직 하나, 진실이다. 진실만이 우리를 두려움과 갈등과 터무니없는 드라마에서 자유롭게 풀어줄 수 있다. 이것이야말로 위대한 진실이다. 더 간단하게는 말 못하겠다.

◆ 당신이 '생각'이라고 부르는 것은 스스로 이야기를 만들어 자신이 무언가를 알고 있다고 말해주며, 당신이 모르는 모든 것에 대해 아는 척하게 해주는 지식의 목소리다. 문제는 그 목소리가 자기 자신을 거스르는 경우가 많다는 것이다.

◆ 머릿속 목소리는 당신을 어디든지 데려갈 수 있는 야생마와 같다. 그 말을 길들이면 그것을 탈 수 있고, 지식은 당신이 원

하는 데로 가게 해주는 도구로 바뀐다.

◆ 자기 자신과는 대화할 이유가 없다. 생각하지 않고도 알 수 있다. 느낌으로 감지할 수 있다. 이미 알고 있는 것을 자기한테 말해주거나 모르는 것을 걱정하는 데 에너지를 쓸 필요가 있는가? 머릿속의 목소리가 말하기를 멈출 때, 비로소 '내면의 평화'를 맛보게 된다.

◆ 머릿속 거짓말쟁이를 길들이는 비결은 그가 하는 말을 믿지 않는 것이다. 당신 자신을 믿지 말라, 그리고 다른 누구도 믿지 말라. 이 두 가지 규칙을 지키면, 어떤 거짓말도 당신 앞에서 살아남지 못하고 그냥 사라질 것이다.

◆ 진실은 우리가 믿지 않아도 살아남는다. 하지만 거짓말은 그렇지 않다. 거짓말은 우리가 저를 믿어줄 때만 살아남는다. 우리가 믿든 말든 진실은 진실이다. 여기에 진실의 아름다움이

있다.

◆ 지식의 목소리가 인생을 지배하면 그때는 폭군이 된다. 당신이 거기에 굴복하기를 거부하면 차츰 말수가 적어지다가, 마침내 더는 당신을 다스리지 못하게 된다. 목소리가 지배력을 잃고 거짓말이 더는 당신을 다스리지 못할 때, 당신은 다시 순결해진다.

제7장

감정感情은
진짜다

지식의 목소리는
진짜가 아니다

말을 배우기 전前 당신의 뇌는 완벽하지만 프로그램이 없는 컴퓨터와 같다. 갓 태어났을 때 당신은 말할 줄 몰랐다. 뇌가 하나의 프로그램을 받아들일 만큼 자라려면 몇 개월이 걸린다. 당신은 주로 부모와 주변 사람들한테서 프로그램을 받는다. 그들이 당신 이목을 낚아채 단어들의 의미를 가르친다. 이렇게 말을 배우고, 당신이 동의하면서 프로그램은 조금씩 당신 안에 자리 잡는다. 당신이 동의했기에, 프로그램이 당신 뇌에 저장되는 것이다.

그러니까 당신은 컴퓨터, 지식은 프로그램이다. 당신이 아는 모든 것, 머릿속 모든 지식은 당신이 태어나기 전에 프로그램 되어있었다. 장담컨대 우리 가운데 누구도 독창적인 생각을 가진 사람은 없다. 모든 문자, 단어, 믿음체계 안에 있는 모든 개념이 프로그램의 부분이고, 그 프로그램은 '거짓말(lies)'이라는 바이러스에 감염되어있다.

프로그램이 좋다, 나쁘다, 옳다, 그르다, 판단할 필요는 없다. 어떤 프로그램을 좋아하지 않는다 해도 그것을 우리에게 옮겨준 사람은 죄가 없다. 본디 그런 것이고, 실은 매우 놀라운 것이다. 우리가 그 프로그램으로 자기 이야기를 만들기 때문이다. 하지만 누가 우리 삶을 운영하고 있는가? 프로그램이다! 이 프로그램에는 목소리가 있으며 끊임없이 우리에게 거짓말을 하고 있다.

그동안 배운 거의 모든 것이 거짓말인데, 어떻게 진실을 알 것인가? 우리 안에 있는 진실을 어떻게 알아볼 것인가? 진실을 알아보기까지는 상당한 시간이 걸렸지만, 그래도 결국은 알아냈다. 우리의 감정(emotions)은 진짜다. 우리가 느끼는 모든 감정이 진짜다. 그것은 실제이고 진실이다. 우리의 모든 감정이 영靈으로부터, 본연의 우리로부터 직접 온다는 것을 나는 알았다. 그것은 순수하다.

당신은 자신의 느낌을 속일 수 없다. 느낌을 억누르거나

옹호하거나 느낌에 대해 거짓말할 수는 있지만 느낌 자체
는 순수하다. 느낌은 진짜고, 당신은 지금도 느끼고 있다.
무엇이든 느낌 자체에는 아무 잘못이 없다. 좋은 느낌 나쁜
느낌이 따로 있는 게 아니며, 분노나 질투나 증오에도 잘못
된 건 없다. 미운 느낌도 본연의 자신한테서 오는 것이다.
당신을 괴롭히는 슬픔이나 실망조차도 언제나 합당한 이유
가 있다.

　나는 인간의 마음에 관해 아주 흥미롭고 합리적이며 중
요한 사실을 발견했다. 당신이 감지하는 모든 것이 감정을
불러일으킨다. 아름다움을 감지하면 당신의 감정은 놀라움
으로 반응하고 기분이 좋다. 상처를 입으면 감정은 좋지 않
은 반응을 보인다. 그러나 당신은 바깥의 것들만 감지하는
게 아니다. 자기 머리로 창조하는 가상현실도 감지한다. 느
낌뿐 아니라 자신의 생각, 판단, 믿음까지도 감지한다. 머
릿속 목소리도 감지하고, 그 목소리에 감정으로 반응하게
된다.

문제는 이것이다. 머릿속 목소리는 당신에게 뭐라고 말하는가? '맙소사, 난 정말 바보구나. 대체 어쩌다 그랬지?'라는 말을 얼마나 자주 했던가? 지식의 목소리는 당신을 심판하고, 당신은 그것을 감지해 감정으로 반응한다. 그리고는 부끄러움과 죄의식을 느낀다. 감정은 진짜다. 하지만 그 감정을 유발하는 것, 자신이 바보라는 그 판단은 진짜가 아니라 만들어낸 이야기다. 다시 말하지만, 이것은 그냥 작용과 반작용(action-reaction)이다. 무엇이 작용인가? 자신의 견해를 감지하는 것, 그러니까 자신의 판단을 감지하는 것이다. 무엇이 반작용인가? 자신의 감정이 반작용이며, 거짓에 대해 독을 품은 감정으로 반응하는 것이다.

좀더 쉽게 이해할 수 있도록 예를 들어보자. 개가 한 마리 있다고 하자. 알다시피 개는 그냥 개, 완벽한 개다. 그러나 만약 그 개를 학대하면 어찌 되겠는가? 볼 때마다 개를 걷어찬다면? 녀석은 겁먹을 것이다. 당신은 개한테서 나오는 감정을 느낄 수 있다. 화가 나서 당신을 물거나 달아날 것이다. 개가 그런 감정을 드러내는 것이 잘못인가? 개의 분노가 개를 악하게 만드는가? 아니다. 개가 그런 반응을 보인 것은 학대받았기 때문이다. 그 감정이 자기를 방어하는 데 도움을 주고 있는 것이다. 그것은 본연의 개한테서 나오는 것이다.

이번에는 같은 개가 저를 사랑하고 존중해주는 사람들과 함께 더없이 좋은 환경에 산다고 생각해보자. 그 개는 세상에서 가장 귀엽고 놀라운 개일 것이다. 누구한테 학대받지 않기 때문에 생긴 대로 살면서 저를 사랑해주는 사람들을 사랑할 것이다. 당신의 육체도 그 개와 같다. 같은 방식으로 제 감정을 드러낸다. 당신은 왜 화가 났는가? 누군가 당신을 걷어찼기 때문이다. 그런데 당신을 걷어찬 것은 누군가? 당신 머릿속 목소리, 당신 이야기의 주인공, 당신이 자신이라고 믿는 바로 그 사람이다.

당신은 또 완벽한 인간의 이미지를 상상하고 자기는 그런 존재가 못된다고 생각한다. 그 또한 감정의 반응을 낳는다. 자신이 완벽한 인간이 아니라고 생각하면 기분이 어떤가? 유쾌하지 않을 것이다. 하지만 그 감정은 진짜다. 당신이 느끼는 것이다. 하지만 정말로 완벽한 인간의 이미지에 꼭 들어맞아야 하는가? 아니다, 거짓말이다. 지금 감지하고 있는 것은 자신이 그렇게 믿기로 동의한 거짓말이다. 당신이 동의했고, 그래서 그 거짓말이 당신 이야기의 한 부분이 된 것이다.

인간은 자기가 알고 있는 머릿속 지식의 희생양이다. 지식의 목소리가 몸의 느낌을 학대하고 있다. 진짜가 아닌 것이 진짜인 것을 학대하고 있다. 작용은 거짓말을 믿는 것이고, 반작용은 감정적 고통을 느끼는 것이다. 감정이 목소리를 듣고, 거기에 반응해 호랑이처럼 공격한다. 그래서 자제력을 잃고 스스로 원치 않는 말이나 행동을 하게 된다. 그러면 지식의 목소리는 그런 감정을 두려워하고 판단하며, 스스로의 감정에 대해 창피하게 만든다.

그렇게 수치심을 느끼면 지식을 활용해 그 감정을 변명

한다. 지식의 목소리가 자기 느낌에 대해 뭐라고 말한다는 얘기다. 그 목소리는 우리의 감정에 대해 거짓말을 하고, 심지어 그 느낌을 부인하기도 한다. 이렇게 우리는 자기 목소리를 감지하고, 판단을 감지하고, 거기에 따른 감정적 반응을 드러낸다. 그러고는 감정을 드러냈다는 사실에 죄의식을 느낀다. 그러면 또 지식이 그 죄책감을 변명하려 한다. 감정적 아픔은 갈수록 커지고 이제 우리는 우울해진다. 이런 순환이 이해되는가?

지식의 목소리는 우리의 감정에 대한 이야기를 만들고, 우리는 그 이야기를 듣고 또 그 감정을 억압하려 한다. 그 억압이 또 다른 감정을 낳고, 머잖아 우리는 모든 감정을 억압하려고 한다. '그렇게 느껴서는 안되는 거야. 넌 도대체 어떤 인간이냐? 겁쟁이야, 뭐야? 진짜 남자는 우는 게 아니야.' 우리는 상처 받지 않은 것처럼 시치미를 뗀다. 하지만 상처받았다. 우리가 이야기를 만들고, 그 이야기를 듣고, 그에 따른 감정들을 이야기 속으로 끌어들였기 때문이다.

우리는 왜 미워하는가? 누군가 우리를 학대하기 때문에
미워하는 것이다. 우리는 왜 괴로워하는가? 무언가 우리를
괴롭히기 때문에 괴로워하는 것이다. 그것이 상처받은 사람
의 자연스러운 반응이다. 하지만 우리에게 상처를 입히는
것은 무엇인가? 답은 간단하다. 우리를 해치는 것은 끊임없
이 '이래야 한다, 저러면 안된다'고 말하는 우리 머릿속 거
짓말이다. 미움, 분노, 질투 같은 감정들은 모두 진짜다. 본
연의 인간에서 나오는 정상적인 감정이란 얘기다.

그래서 미움 자체는 잘못이 없다는 것이다. 우리가 누군
가를 미워하는 것은 지식의 목소리가 그러라고 말하기 때
문이다. 미움 자체는 완전히 정상이다. 그것은 다만 우리 믿
음의 반작용일 뿐이다. 우리가 믿음을 바꾸면, 미움은 다른
감정으로 바뀔 것이다. 우리가 더 이상 목소리를 믿지 않으
면, 우리의 모든 감정이 달라진다. 감정이란 무언가의 결과
이지 원인이 아니기 때문이다. 아픈 감정을 느끼는 것은 누
군가에게 상처를 입었기 때문이다. 그 아픔은 우리에게 말

한다. '더 이상 상처받지 않으려면 뭐라도 해야 한다!'고.

사람들은 왜 우리를 못살게 구는가? 우리가 그러라고 허락했기 때문이다. 스스로 학대받아 마땅한 인간이라고 자신을 판단했기 때문이다. 하지만 좀더 깊이 들여다보면 다른 누구보다도 우리 자신이 우리를 못살게 굴었다는 사실을 알게 된다. 우리는 자신에게 상처 준 사람들을 탓하며 "나는 학대받으며 자랐다."고 말하고 온갖 증거를 댄다. 하지만 지금 이 순간, 당신을 괴롭히는 것은 누구인가? 당신이 솔직하다면, 자신을 괴롭히는 것은 다른 누가 아닌 바로 자기 머릿속 목소리임을 알 것이다.

자기를 속일 때마다 스스로를 학대하는 것이다. 자기를 비난할 때마다 스스로를 학대하는 것이다. 자기를 심판하고 거부할 때마다 우리는 불쾌한 감정으로 반응하게 된다. 다시 말하지만, 그렇게 불쾌한 감정으로 반응하지 않으려면 그 느낌을 억압할 게 아니라 그런 감정을 유발하는 머릿속 거짓말을 지워버려야 한다.

본연의 우리한테서 오는 메시지는 분명하다. '제발 나를 구해줘!' 이런 호소는 영화 〈엑소시스트(The Exorcist)〉를 떠오르게 한다. 그렇다. 우리 안에 이렇게 소리치는 어린아이가 있다. "나 좀 구해줘요! 내 이야기의 주인공한테 사로잡혔어요." 오, 맙소사. 사람들은 자기 머릿속 지식에 사로잡혀 있다. 자신에 대한 그릇된 이미지에 붙잡혀 있다. 그래서 더 이상 자유롭지 못한 것이다. "본성이 드러나면 나도 내가 무슨 짓을 할지 모른다."는 말을 얼마나 자주 들어보았는가? 우리는 자기 안에 있는 무언가가 밖으로 나와서 모든 것을 파멸시킬 거라는 생각에 겁을 낸다. 왜 그런지 아는가? 사실이 그렇기 때문이다. 진실이 당신 안에서 나오면 모든 거짓을 파멸시킬 것이다. 진짜 겁나는 일 아닌가?

나도 내 이야기의 주인공한테 붙잡혀 있었다. 여러 해 동안 내 이야기 주인공에 붙잡혀 살아야 했다. 그러면서 나는 나를 사랑하는 척했다. 이 무슨 어이없는 짓인가! 그뿐만이 아니다. 나는 다른 사람들도 사랑하는 척했다. 자기 자신을

사랑할 줄 모르면서 어떻게 남을 사랑한단 말인가? 나는 다
만 내가 나에게 주는 것을 남에게 줄 수 있을 뿐이다.

사람들이 묻는다. "미겔, 저는 왜 사랑을 느끼지 못할까
요? 어떻게 하면 사랑을 창조하는 법을 배울 수 있나요?"
흠, 사랑을 창조한다? 한 가지 생각이 마음에 떠오른다. 우
리는 사랑하는 법을 배울 필요가 없다. 본성에 따라 우리는
사랑을 한다. 말을 배우기 전에는 우리가 느끼는 중심 감정
이 사랑이다. 자기 사랑을 표현하는 것이 자연스럽다. 그러
다가 자라면서 사랑의 감정을 억압하는 법을 배우는 것이
다. 그래서 나는 사람들에게 말한다. "당신은 사랑을 창조할
필요가 없습니다. 당신 마음은 너무나 커다란 사랑으로 가
득하니까요! 그 사랑을 온 세상에 보낼 수 있습니다. 사랑을
느끼지 못한다면, 그것은 당신이 사랑을 억압하기 때문입니
다. 사랑을 표현하지 말라고 배웠기 때문입니다."

어렸을 때 어른들로부터 그러지 말라는 말을 들으면서
우리는 천연의 본성을 억누르기 시작한다. 자신의 진실과

감정을 억압해 밖으로 나오지 못하게 한다. 감정을 숨기고
아무런 느낌도 없는 것처럼 위장하는 것이다. 자신의 감정
에 대해 부끄러움을 느끼면, 그것을 정당화하거나 변명하거
나 심판한다. 우리는 너무 많은 거짓말을 믿고, 그래서 사랑
이라는 아름다운 감정을 더 이상 표현하지 않는다.

　지식의 목소리는 우리에게 말한다. '사랑은 안전하지 못
해. 나는 나약해질까봐 사랑이 두려워. 누군가를 사랑한다
면 가슴이 찢어질 거야.' 너무 흔한 거짓말이다. 진실이 아
니다. 그래도 지식은 말한다. '아니야, 이게 진실이야. 이런
경험 여러 번 해봤잖아. 사랑할 때마다 가슴이 무너졌어.'
아니, 이 말은 진실이 아니다. 당신이 자신을 사랑한다면 아
무도 당신을 무너뜨릴 수 없기 때문이다. 예전에 당신 가슴
이 무너진 적 있었다면, 그건 사랑에 대한 거짓말을 믿었기
때문이다. 사랑은 당신을 강하게 하고, 자기중심은 당신을
약하게 한다. 사랑은 아무도 해치지 않는다. 사람을 해치는
건 두려움이고, 자기중심이며, 자신이 믿는 거짓말이다. 더

이상 거짓말을 믿지 않으면 사랑은 저절로 솟아날 것이다.

사막에서의 일을 겪은 뒤로, 내가 느끼는 모든 감정이 본연의 나에게서 나오는 것임을 분명히 알게 되었다. 이를 알고 나서는 두 번 다시 내 감정을 억압하지 않았다. 지금 내 감정들은 내 이야기의 중요한 부분을 차지하고 있다. 그것들이 순수하다는 것을 알기 때문이다. 어떤 감정이 느껴지면 나는 그것이 내가 감지한 무언가에 대한 반작용임을 안다. 그 감정은 내가 지금 무엇을 어떻게 하고 있는지 일러준다. 그리고 그에 따라서 내가 처한 상황을 바꿀 수도 있다.

기쁨에서 분노까지, 사랑에서 증오까지, 어떤 것이든 감정은 하나의 반작용이다. 그러니 먼저 작용을 아는 것이 중요하다. 지금 행복하지 않다면, 그것은 행복을 억압하는 무엇이 내 이야기 속에 들어있기 때문이다. 그럴 때는 한 걸음 뒤로 물러서 무엇이 그런 감정을 불러왔는지 알아보아야 한다. 깨어있으면 문제를 직시할 수 있고, 문제를 해결해 다시 행복해질 수 있다. 인생에 문제가 생겨날 때마다, 나는 그것으로 이야기를 만들지 않으며 이런저런 방식으로 문제를 풀어간다.

간단하다. 우주는 원인과 결과, 작용과 반작용으로 이루어진다. 인생이 마음에 들지 않는 것은 자신의 삶을 지배하는 프로그램에 의한 반작용 때문이다. 그 거짓말쟁이 프로그램은 본디 당신 것이 아니면서 동시에 당신 것이다. 당신이 자신을 그런 사람으로 보고 있기 때문이다. 프로그램은 이야기를 만들고, 그 주인공을 변명하고 옹호하면서 이야기 자체를 정당화하려 한다. 근사한 설계다. 멋진 창조다. 사람들은 문화를 창조하고 온갖 철학을 창조한다. 역사, 학문, 예술, 올림픽경기, 미스유니버스를 만들고 이름도 짓는다. 모두가 우리의 창작이다. 아름답고 경이로운 창작이지만, 어디까지나 하나의 '이야기'일 뿐이다!

당신 이야기의 주인공은 물론 당신이다. 하지만 당신이 맡은 배역은 당신이 아니다. 당신은 그 역할을 오랫동안 연습했고, 덕분에 연기를 마스터했다. 결국 세계 최고의 배우가 되었다. 그러나 장담컨대 당신이 자신인 줄 알고 있는 그 사람은 당신이 아니다. 다행히도 당신은 자기 자신이라 믿고 있는 그 사람보다 훨씬 훌륭한 존재다.

할아버지께서 하신 말씀을 기억한다. "미겔, 너도 알게 될 것이다. 네가 더 이상 너로 존재하지 않아도 되는 바로 그때 네가 자유인이라는 것을!" 처음 들었을 때는 무슨 말인지 알아듣지 못했다. 나중에야 그 말이 무슨 뜻인지 정확하게 알았다. 처음부터 나는 다른 누가 원하는 사람이 될 필요가 없었다. 어떤 사람이 되어야 한다며 스스로 만든 거짓말에 따라 살 필요가 없었다.

당신 이야기는 당신의 창작이다. 당신은 '생명의 힘'이 관통하는 예술가다. 자신의 이야기가 마음에 들지 않는다면 바꿀 능력이 있다. 이것이 복음이다. 더 이상 지금까지의 당신이 아니어도 된다. 그야말로 최고의 자유다. 당신은 자신이라고 믿는 그 사람이 아니어도 된다. 더는 분노하고 질투하고 미워하지 않아도 된다. 진정한 자신을 회복하고 낙원으로 돌아가 이 땅에서 하늘나라를 살 수 있다.

◆ 당신이 느끼는 모든 감정이 진짜다. 진실이다. 본연의 자기 영靈에서 오는 것이다. 감정을 속일 수는 없다. 감정을 정당화하거나 억압하거나, 그에 대해 거짓말을 할 수는 있어도, 당신이 느끼는 그 감정은 진짜다.

◆ 지식의 목소리가 어떤 감정을 창피하게 만들 수는 있지만, 감정 그 자체에는 아무 잘못이 없다. 좋은 감정, 나쁜 감정이 따로 있는 게 아니다. 분노나 증오를 느낀다 해도, 그 모두가 본연의 자신한테서 오는 것들이다. 어떤 감정이 느껴진다면 그렇게 느낄 만한 이유가 반드시 있다.

◆ 당신이 감지하는 모든 것이 감정적 반응을 일으킨다. 당신

은 느낌뿐만 아니라 자신의 생각, 판단, 믿음도 감지한다. 머릿속 목소리도 감지하고, 그 목소리에 감정으로 반응한다.

◆ 자신을 속이거나 판단하거나 거부할 때마다 감정이 반응하는데, 이는 기분 좋은 일이 아니다. 어떤 감정이 마음에 들지 않으면 그 감정을 억압할 게 아니라, 그것을 유발한 거짓말을 지워버릴 일이다. 감정은 원인이 아니라 결과이기 때문에, 더 이상 거짓말을 믿지 않으면 모든 감정이 달라진다.

◆ 감정은 진짜지만, 우리를 힘들게 하는 지식의 목소리는 진짜가 아니다. 우리가 맛보는 고통은 진짜지만, 우리를 고통스럽게 하는 원인은 진짜가 아닐 수도 있다.

◆ 사람들은 머릿속 지식에, 일그러진 자기 이미지에 사로잡혀있다. 우리가 자유롭지 못한 원인이 여기에 있다.

◆ 감정적 고통은 학대 받은 증상이며, 학대에서 벗어나려면 무언가를 해야 한다고 알려주는 것이다. 감정은 당신 이야기에서 가장 중요한 부분을 차지한다. 자신이 지금 어떻게 살고 있는지를 알려주기 때문이다. 감정이 하는 말을 잘 들어주면 상황을 바꿀 수도 있다.

제8장

상식과
눈먼 믿음

믿음과 자유의지를
되살려내는 길

내가 처음 이 깨달음을 사람들에게 전하려 했을 때 맞닥 뜨린 문제는, 미신을 모두 제거하고 우리 전승의 지혜를 전 해야 한다는 것이었다. 나는 톨텍 전승에서 온갖 미신이나 악령이나 마술사 같은 것들을 제거하고 싶었다. 빤한 거짓 말을 누가 믿겠는가? 나는 이런저런 엉터리를 없애고 일반 적인 상식을 지키려 했다.

세상의 전승들에서 미신과 신화를 제거하면 남는 건 상 식常識(common sense)이다. 상식으로 돌아가면 톨텍 전승 이나 이집트 전승이나 그리스도교 전승이나 불교 전승이나 이슬람 전승이나 다를 게 없다. 그 모든 철학이 같은 데서, 본연의 인간에서 곧장 오기 때문이다.

차이점은 이야기에 있다. 모든 철학이 저마다 말로 하기 어려운 무언가를 상징으로 설명하려 한다. 스승들은 진실을 깨쳤고, 그렇게 믿게 된 것으로 이야기를 만들었다. 그 이야기는 신화가 되고, 스승의 경지에 아직 오르지 못한 사람들이 그것을 바탕삼아 온갖 미신과 거짓말을 만들어냈다. 그래서 나는 스승의 뒤를 잇는 구루guru 또는 우상화된 위인들을 믿지 않기로 했다. 나 자신이 나의 구루고, 내 이야기의 주인공이다. 이것은 내가 살아가는 방식이지 당신이 어떻게 살아야 하는가를 말하는 게 아니다. 그건 내 일이 아니라 당신 일이다. 그러나 내가 꿈꾸는 방식을 보고 당신도 자신의 꿈을 어떻게 꿀 것인지 감을 잡을 수는 있을 것이다.

당신은 이 책을 읽으면서 이미 아는 내용을 읽고 있다는 느낌이 들 수도 있다. 당신에게도 상식이 있다. 한 순간에 당신의 상식으로, 본연의 자신으로 돌아갈 수 있다. 다시 맑은 눈으로, 다른 사람들은 보지 못하는 것을 볼 수 있다. 그렇게 깨어있으면서 사람들이 오래 전에 잃어버린 놀라운 힘, 믿음의 힘을 회복할 수 있다.

믿음은 본연의 자기로부터 오는 힘이다. 참 자아의 표현

이다. 믿음은 우리가 창조하는 힘이다. 그것으로 자기 이야
기를 만들거나 바꾸기도 하기 때문이다. 전승들은 이 힘을
각기 다른 이름으로 부르고 있다. 톨텍은 그것을 '의도意圖
(intent)'라고 부른다. 나는 '믿음'이라고 부르는 게 더 좋다.

　믿음이 왜 그토록 중요한지 알아보자. 우리가 믿음이나
의도에 대해 말하는 것은 말의 힘에 대해 이야기하는 것이
다. 사람의 말은 순수한 마법이다. 말은 하느님으로부터 곧
장 오는 자연의 힘(power)이고, 믿음은 그 힘의 방향을 정
하는 인위의 힘(force)이다. 우리의 온갖 가상현실이 말로
창조된다. 이야기를 만들 때 말을 사용하기 때문이다. 사람
에게는 정말 놀라운 상상력이 있다. 단어로 시작해 언어를
형성하고, 그 언어로 자기가 경험하는 모든 것을 표현하려
한다.

　먼저, 우리는 각 단어의 소리와 의미에 동의한다. 단어의
소리와 의미를 기억하는 것만으로도 우리의 가상현실에 대
해 다른 사람들과 소통할 수 있다. 우리는 인식하는 모든 것

에 이름을 붙여주고 단어를 상징으로 선택하는데, 상징에는 우리 머릿속 꿈을 재현하는 힘이 있다. 예컨대, '말(馬)'이라는 단어를 듣는 것만으로 우리는 온전한 이미지 하나를 재현할 수 있다. 이것이 바로 상징이 작용하는 방식이다. '대부(代父)'라는 말 한 마디로 영화 한 편이 머릿속에 떠오를 수도 있다. 상징 그 자체인 말에는 창조하는 능력과 마법이 있다. 그것으로 상상 속에서 이미지, 개념 혹은 전체 상황을 재현할 수 있기 때문이다.

말의 작용이야말로 경이롭다. 말은 우리 마음속에서 사물의 이미지를 만들어낸다. 말은 복잡한 개념을 만든다. 말이 느낌을 유발한다. 말은 우리 마음속에 저장된 모든 믿음을 창조한다. 우리의 언어구조가 전체 가상현실을 감지하는 방법을 결정한다.

믿음은 매우 중요하다. 우리가 마음속에 저장하는 모든 말과 개념 속에 생명을 주는 힘이기 때문이다. 생명이 믿음을 통해 저를 나타내고, 믿음은 생명의 메신저라고 할 수 있다. 생명은 우리 믿음을 통해서 계속되고, 믿음은 우리가 믿기로 동의한 모든 것에 생명을 준다. 우리가 동의했기 때문에 믿음에 힘이 생긴다는 사실을 기억하자. 우리가 어떤 개념에 동의하면 의심 없이 그 개념을 받아들이고, 그것은 우리의 일부가 된다. 개념에 동의하지 않으면 우리의 믿음은 존재하지 않고, 그것은 기억에서 사라진다. 모든 개념은 우리가 그것을 믿고 받아들였기 때문에 살아있는 것이다. 믿음은 이 모든 상징들을 한데 묶어, 우리의 꿈 전체에 방향을 부여하는 힘이다.

모든 개념, 모든 의견을 벽돌이라고 한다면 믿음은 그것을 굳혀주는 시멘트와 같다. 이 벽돌을 한데 모으는 방법은 주의를 집중하는 것이다. 사람은 수없이 많은 것을 동시에 감지할 수 있지만, 자신에게 필요한 것만 골라내서 초점을 맞출 수 있다. 이 집중하는 힘은 사람과 사람 사이에 정보를 옮길 때도 쓴다. 누군가의 관심을 끌면 소통의 길이 열리고, 그 길로 정보를 주고받는 것이다. 이것이 바로 우리가 가르치고 배우는 방식이다.

앞서 말했듯이 우리 부모는 우리의 관심을 끌어서 단어의 의미를 가르쳤고, 우리는 거기에 동의해 언어를 배웠다. 언어, 즉 단어를 통해 우리는 지식의 체계를 세우기 시작한다. 그렇게 온갖 믿음이 구조를 형성하면, 그것은 우리가 자신을 무엇이라고 믿는지 보여준다. 톨텍에서는 이것을 우리 마음이 '인간 꼴(the human form)'을 취하는 것이라고 말한다. 여기서 인간 꼴이란 육체의 꼴을 의미하는 게 아니라, 각자의 '지식나무'가 갖추고 있는 틀을 의미한다. 우리가 인간이라고 믿는 모든 것, 우리 이야기의 전체 틀이다. 이 틀은 우리의 몸처럼 견고하다. 우리 믿음이 그것을 단단하게 만들기 때문이다.

당신은 스스로를 인간이라고 부르며, 그것이 당신을 인간으로 만든다. 당신은 자신의 이야기, 대개는 자기 이야기의 주인공에 믿음을 두고 있다. 바로 이것이 문제다! 자신의 가장 강력한 부분, 자신의 믿음을 머릿속 거짓말쟁이가 도

맡고 있는 것이다. 이렇게 당신은 믿음을 통해 그 모든 거짓 말에 생명을 불어넣는다. 당신 이야기의 주인공을 믿은 결과가 바로 당신이 지금 이 순간을 살아가는 방식이다. 당신은 자신이라고 믿고 있는 그 사람을 아무 의심 없이 믿는다는 뜻이다. 나머지는 작용과 반작용에 불과하다. 모든 습관은 이야기 속 주인공의 역할을 수행하려고 만들어진 설정이다.

이야기꾼이 당신을 지배할 수 있는 것은 당신이 그가 하는 말을 믿기 때문이다. 일단 당신이 믿음으로 지지해주면, 그 이야기가 진실이냐 아니냐는 문제되지 않는다. 당신이 믿으면 그대로 이루어진다. '네 뜻이 이루어지리라.' 그래서 예수께서는 아주 작은 믿음으로도 산을 옮길 수 있다고 하셨다. 사람에게는 힘이 있다. 믿음이 있기 때문이다. 우리에게는 강한 믿음의 능력이 있지만, 그 믿음은 지금 어디에 있는가? 왜 우리는 믿음이 거의 없다고 느껴지는가? 나는 우리에게 믿음이 없다고 생각하지 않는다. 우리 믿음은 대단히 강하고 힘이 있다. 다만 자유롭지 못하다. 머릿속 지식에 뿌리를 내리고 있기 때문이다. '지식나무'의 구조라는 함정에 빠져있는 것이다.

그 구조가 실제로 우리 인생의 꿈을 통제하는 까닭은 우리가 그것을 믿기 때문이다. 우리 믿음은 이야기 속 목소리에 있는 것도, 우리의 이성理性에 있는 것도 아니다. "나 성공할 거야." 이렇게 말한다고 해서 믿음이 따라오는 것은 아니다. 아니, 그보다 더 강하고 깊은 또 다른 믿음이 '너는 성공 못할 거야.'라고 말하고 있다. 그리고 실제로 그런 일이 벌어진다. 우리가 무엇을 하느냐, 무엇에 실패하느냐, 이건 문제가 아니다.

그렇기 때문에 변화하고 싶다는 마음만으로는 자신을 바꾸기가 어렵다. '이것이 나'라고 믿고 있는 자신을, 특히 인생을 제대로 펼치지 못하도록 제한하는 자신의 믿음을 제대로 바꿔야 한다. 자신을 심판하고, 자신을 거부하고, 자신을 왜소하게 만드는 온갖 믿음에 도전해야 한다.

한번은 학생 하나가 내게 물었다. "제 믿음을 바꾸기가 왜 이토록 힘들까요?" 내가 그에게 말해주었다. "자네는 '이 것이 나'라고 생각하는 그 인간이 자네가 아니라는 걸 머리로는 알고 있네. 맞아, 그건 하나의 이야기지. 자네는 그걸 아주 잘 이해하고 있지만 믿지는 않고 있네. 그래서 어려운 거라. 자네가 진실로 믿는다면, 자네 믿음이 참으로 거기 있다면, 자네는 이미 바뀌어 있을 테니까."

그렇다. 우리는 자기 믿음을 바꾸고 인생의 꿈을 재창조할 수 있다. 그러나 먼저 우리 믿음이 자유로워져야 한다. 그렇게 되는 유일한 길은 진실을 통하는 것이다. 진실이 우리의 칼이며, 거짓을 무찌르는 유일한 무기다. 진실 말고는 그 무엇도 우리를 거짓의 함정에서 풀어줄 수 없다. 우리가 거짓을 믿고 있으면 더 이상 진실을 볼 수 없다. 거짓말은 우리의 믿음, 즉 창조하는 힘의 눈을 멀게 한다.

눈먼 믿음은 강력한 개념이다. 우리 믿음이 맹목적이면 더 이상 진실을 따르지 못한다. 우리가 '지식나무' 열매를 먹었을 때 일어난 일이 바로 그것이다. 우리는 거짓을 믿었고, 그래서 우리 믿음은 눈이 멀었고, 진실 아닌 거짓을 좇아 살았다. 하느님이 우리에게 말씀하셨다. "네가 죽을 것이다." 거짓말을 믿은 우리에게 오는 것은 죽음이다. 생명이나 하느님께로 연결되는 창조의 힘을 잃는 것이다. 우리는 생명으로부터 단절되었다는 미혹迷惑에 떨어지고, 이는 자기 파괴와 죽음으로 이어진다.

눈먼 믿음은 당신을 어디로도 안내하지 못한다. 그래서 예수님은 눈먼 사람이 눈먼 사람을 인도하면 둘 다 구렁에 빠진다고 하셨다. 이제 당신은 왜 다른 사람들 이야기가 자신에게 도움이 안되는지 알았을 것이다. 그것은 눈먼 사람이 눈먼 사람을 인도하는 것과 같다. 눈먼 믿음을 가지고 눈먼 믿음을 가르치면 둘 다 구렁에 빠질 것이다. 인생이 힘든 것이라 믿으면서 인생이 힘들다고 가르치면, 둘 다 눈먼 사람이 되는 것이다. 진실을 보지 못하기 때문이다. 그렇게 둘다 거짓말을 믿게 된다.

　진정한 믿음, 곧 자유로운 믿음은 지금 이 순간 당신이 느끼는 것이다. 이 순간은 진짜다. 당신은 생명을 믿고, 자기 자신을 믿는다. 아무 이유 없이도 믿는다. 이것이 지금 이 순간 당신이 창조하는 힘이다. 바로 이 힘으로 당신은 어떤 방향으로든 원하는 모든 것을 창조할 수 있다.

　눈먼 믿음은 깨어있지 않은 믿음이다. 그러나 믿음이 깨어있으면 이야기가 달라진다. 믿음이 깨어있으면 당신은 믿음의 힘을 결코 자기를 해롭게 하는 데 쓰지 않는데, 이는 곧 자신의 말이 흠잡을 수 없게 무고無辜하다는 것을 뜻한다. 자신의 말에 흠잡을 데가 없으면 삶 전체가 모든 면에서 개선된다. 왜일까? 당신 말의 무고함이 당신 이야기의 주인공에 직접 영향을 미치기 때문이다. 무고한 말을 한다는 것은 자신의 이야기를 만들면서 자신을 해치는 말을 절대로 하지 않는다는 뜻이다. 이에 대해서는 다음 장章에서 자세히 살펴보겠다.

　자신에 대한 믿음을 바꾸는 길은 거짓에 대한 믿음을 버리는 것이다. 이것이 당신 이야기를 바꾸는 열쇠다. 이것이 당신 꿈의 탐색여정(quest)이다. 당신 말고는 아무도 할 수 없는 일이다. 어디까지나 당신과 당신의 이야기다. 당신은 자신의 이야기를 직면해야 하며, 당신이 만나게 될 사람은 물론 당신 이야기의 주인공이다.

그 주인공을 자기 아닌 다른 사람으로 거리를 두고 보는 데서 시작하라. 인생의 모든 이야기는 자신에 관한 책 한 권과 같다. 그 이야기에서 한걸음 떨어져 자신이 만든 것들을 지켜보는 것이다. 아무 판단 없이, 어떤 감정적 반응도 없이 자신의 삶을 되돌아보는 것이다. 어린 시절부터 시작해 자신의 일생을, 자라면서 경험한 것들과 인간관계들을 그냥 보라. 가능하다면 간단히 목록을 작성하고, 이미지들을 상상해보라. 숨 쉴 수 있는 허파, 아름다움을 보는 눈, 자연의 소리를 듣는 귀가 지금 내 전부라고 생각해보라. 이 모두가 사랑에 관한 것이다. 사랑의 눈으로 자기 삶의 이야기를 마주보라. 참으로 엄청난 꿈의 탐색여정을 경험하게 될 것이다.

바로 그 탐색여정을 부처님이 보리수나무 아래서, 예수님이 광야에서, 모세님이 산위에서 했던 것이다. 세상의 모든 종교가 같은 내용을 말하는 것은, 그것이 영靈의 눈을 뜬 사람들, 그래서 더 이상 믿음의 눈이 멀지 않은 사람들한테서 나오기 때문이다. 그들은 어떻게 진실을 사람들에게 말해줄 수 있었을까? 이천 년 전 사람들에게 진실을 설명하는 예수님을 상상할 수 있는가? 그분은 진실을, 용서와 사랑을 말씀하셨다. 모든 사람에게 이르셨다. "서로 용서해야 합니다. 사랑이 유일한 길입니다." 그분은 병든 마음을 치료하는 처방을 내리셨다. 하지만 누가 그분에게서 처방받을 준비가 되어 있었던가? 과연 우리는 지금 준비되어 있는가? 아직도 자신의 거짓말을 위해, 자신의 광신狂信을 위해, 자신의 도그마를 위해 기꺼이 죽을 정도로 눈먼 상태에 있지는 않은가?

앞서도 말했지만 눈먼 믿음은 사람을 광신으로 이끌어 다른 사람의 믿음을 존중하지 않고 자기 믿음을 강요하게

한다. 우리는 자기 믿음을 다른 사람에게 강요할 필요가 없
다. 오히려 서로의 믿음을 존중하고 각자가 남들과는 상관
없이 자신의 꿈을 꾸고 있다는 사실을 인정할 수 있다. 이
사실을 깨치는 것만으로도 마음을 치유하는 데 한 걸음 크
게 나아가는 것이다.

여기서 넘어야 할 산은 믿음의 힘을 회복해 더 이상 거짓
말에 눈멀지 않는 것이다. 그러나 스스로 만든 폭군에 맞서
려면 믿음이 있어야 한다. 그리고 문제는 자신이 만든 이야
기에 대한 믿음이 지금 자신에게 필요한 믿음보다 훨씬 크
고 강하다는 사실이다. 스스로 만든 이야기가 자신의 믿음
을 온통 갉아먹고 있는데 어디서 그 폭군에 맞설 믿음을 얻
을 것인가?

좋다, 당신이 자신으로 알고 있는 그 사람한테서는 믿음
을 찾을 수 없어도 당신 바깥에는 믿음이 아주 많다. 요점은
자신의 거짓말에서 자유로워지는 데 필요한 믿음을 어떻게
챙기느냐다. 그래서 사람들이 종교의식에 참여해 더 많은

믿음을 얻으려는 것이다. 교회나 회당에서 기도하고 찬송하고 북을 치거나 춤을 추는 건, 그렇게 해서 더 많은 힘과 믿음을 얻을 수 있기 때문이다. 이것은 진짜로 힘이 있다. 예배의식에 마음을 집중하면 믿음으로 통하는 길이 열린다. 당신이 믿음으로 예배의식을 따르고, 마음을 모으면 거기서 믿음을 회복할 수 있다.

종교의식은 우리를 도와서 자연으로부터 믿음을 얻고, 인간 공동체 안에서 서로에 대한 믿음을 쌓게 해준다. 사람들이 모여 서로 사랑할 때 놀라운 믿음을 경험한다. 당신이 교회에 가서 기도할 때마다 경험하는 일이 바로 이것이다. 기도하고 예배에 마음 모을 때, 스스로 우러난 믿음은 아니라 해도 자신의 믿음을 회복하는 데 필요한 믿음을 얻을 수 있다. 기도나 예배를 통해 이루고 싶은 것을 백 퍼센트 믿는다면 그 의도意圖는 배가된다.

기도를 하면 신성한 영靈과 통교하게 된다. 자기 이야기의 주인공을 제쳐두고 참 자아가 신성한 영靈으로 연결되는

다리를 건설하는 것이 기도다. 여기에 열쇠가 있다. 당신과 신성한 영(靈) 사이를 가로막는 유일한 장애물은 스스로 만든 이야기의 주인공이기 때문이다. 기도와 예배는 판단을 멈추게 하고, 자신에게 이러니저러니 말하는 머릿속 온갖 목소리를 잠잠하게 하는 데 도움을 준다. 감정을 자극하는 지식의 목소리를 잠재우는 강력한 힘이 기도와 예배에서 온다.

　각기 다른 의식을 갖춘 모든 종교가 경이로운 것은 스스로를 제한하는 온갖 그릇된 합의(agreements)들을 부술 힘이 담겨 있기 때문이다. 그릇된 합의를 깰 때마다 거기에 담았던 믿음이 자신에게 돌아와, 그만큼 자신의 믿음이 더 회복된다. 이 책의 내용이 바로 그것이다. 나는 당신이 스스로 만든 이야기 주인공에게 주었던 믿음을 조금이라도 되찾도록 돕고 싶다. 하지만 그렇게 얻은 믿음이 당신 이야기 속 주인공을 바꾸는 데 쓰이지 않으면, 그 모든 믿음이 곧장 당신 이야기의 주인공에게 흡수될 것이다.

　그래서 당신이 자신이라고 믿는 미신으로부터 스스로를

되찾는 작업이 필요하다. 여기에는 오직 한 가지 방법이 있다. 더 이상 이야기꾼을 믿지 않고, 머릿속 지식의 목소리를 듣지 않는 것이다. 진실에 대한 믿음을 회복하고 거짓에서 벗어나면 당신은 다시 순결해진다. 어린 시절의 감정을 회복하고 평범한 일반상식으로 돌아간다. 내가 이것을 발명했다거나 새로운 무엇을 발견했다고 할 수는 없다. 나는 그저 예술가로서 이미 존재하는 것을 재정리할 따름이다. 여기서 내가 나누는 모든 것이 멕시코뿐만 아니라 이집트, 인도, 그리스, 로마 등에서 수천 년 동안 있어온 것들이다. 상식은 우리 모두에게 있지만, 자기가 믿는 거짓말에 한눈이 팔려 그것을 알아보지 못한 것이다.

거짓말은 만사를 복잡하게 만든다. 진실은 매우 간단하다. 진실로, 상식으로, 생명 자체의 단순함으로 돌아가야 할 때다. 이제 우리는 거짓말이 너무 강력해서 우리를 눈멀게 한다는 걸 알고 있다. 그러나 진실도 그만큼 강해서 우리가 진실로 돌아가기만 하면 현실 전체가 바뀔 수 있다. 진실이 우리를 낙원으로 돌려보낸다. 거기서 우리는 하느님과 생명과 다른 모든 피조물과 사랑 안에서 하나 될 수 있다.

더 이상 거짓을 믿지 않으면 당신의 의지가 자유로워진다. 당신의 의지가 자유로울 때 비로소 진정한 선택이 가능해진다. 머릿속 목소리는 당신에게 선택할 자유의지가 있다는 착각을 불러일으킨다. 글쎄, 자신을 해치고, 자신을 고통스럽게 하고, 자신을 거부하고 학대하는 것이 진짜 당신의 의식적인 선택인가? 자유의지가 있다면서 어떻게 사랑하는 사람을 괴롭히고, 배우자와 자녀들을 판단하면서 비참하게 만들 수 있단 말인가?

당신에게 정말 자유의지가 있다면 자신의 선택을 주관한 게 무엇인지 생각해보라. 당신은 진짜로 자신과 사랑하는 사람의 행복을 파괴하기로 선택했는가? 스스로를 심판하고 비난하고, 그래서 부끄러움과 죄의식을 안고 살기로 선택했는가? 자신이 나쁜 사람이고 아름답지도 않으며, 그래서 행복하고 건강하고 풍요롭게 살 자격이 없는 인간이라는 생각을 선택했는가? 사랑하는 사람과 끊임없이 다투면서 살기로 선택한 것인가? 정말 자유의지가 있다면 오히려 그 반대를 선택할 것이다. 이는 우리 의지가 자유롭지 못하다는 뚜렷한 반증이다.

거짓 대신 진실을 믿으면 선택이 저절로 달라진다. 의지가 자유로워지면 당신의 선택은 머릿속 거짓말의 프로그램이 아니라 순수한 본연의 자신에게서 나오게 된다. 이제 당신은 뭐든지 믿고 싶은 것을 믿을 수 있고, 원하는 것을 스스로 믿을 힘이 생기면 아주 흥미로운 일이 벌어진다. 그때 당신이 원하는 것은 오직 사랑이다. 사랑 말고는 아무것도 원치 않는다. 사랑 아닌 것은 진실이 아니라는 것을 알고 있기 때문이다.

의지가 자유로워지면 당신은 행복과 사랑, 평화와 조화를 선택한다. 놀면서 인생을 즐기기로 선택한다. 더 이상 거짓 드라마를 선택하지 않는다. 지금 이 순간 거짓 드라마를 선택한다면 그건 당신의 선택이 아니라 당신 버릇의 선택이다. 당신 속에 그런 프로그램이 설정되어 있기 때문이다. 다르게 선택할 힘이 있다는 것조차 모르기 때문이다. 영화 〈뷰티풀 마인드〉의 주인공처럼 있지도 않은 환영들이 자기 대신 선택하는 것이다. 머릿속 목소리가 당신을 대신해 선택한다는 말이다.

우리가 부모, 자녀, 사랑하는 사람과 싸우기로 의식적으로 결심하는 이유가 무엇인가? 우리는 싸우고 싶은 게 아니다. 알다시피 우리가 어린 시절 친구들과 어울린 것은 놀고 싶어서, 재미있게 삶을 즐기고 싶어서였다. 그런데 성인이 되어 다른 누구와 사귀거나 특히 연애를 하는 이유가 아프고 괴로운 드라마를 만들기 위해서인가? 아니다. 상식적으로 우리는 그저 놀고 싶고, 함께 인생을 재미있게 탐색하고 싶은 것이다. 하지만 지식의 목소리를 지배하는 거짓의 왕자가 우리의 상식을 억압하고 있다.

상식은 지혜다. 지혜는 지식과 다르다. 더 이상 자신과 다투지 않을 때, 당신은 지혜로운 사람이다. 자신과 다른 사람, 온갖 피조물과 조화를 이루며 살아갈 때, 당신은 지혜로운 사람이다.

당신은 지금 당장 선택할 수 있다. 이 앞으로 무엇을 어떻게 할 것인가? 거짓말을 믿지 않으면 어떻게 될까? 잠깐 시간을 내어 자신의 느낌에 마음을 모으고, 더 이상 눈멀지 않으면 무엇이 어떻게 되는지 느껴보라. 더 이상 거짓말을 믿지 않으면 고통도 끝나고 판단도 끝난다. 더 이상 죄의식, 수치심, 분노, 질투를 느끼며 살지 않아도 된다. 자신을 비롯해 다른 누구에게 더 이상 좋은 사람이 될 필요가 없다. 자신이 누군지 모르더라도 있는 그대로의 자신을 받아들인다. 다른 무엇을 더 알려고 하지도 않는다. 무엇을 안다는 게 별로 중요하지 않다. 이것이 참 지혜다.

더 이상 거짓말을 믿지 않아서 인생이 완전히 달라진다고 상상해보라. 주변 사람들을 통제하지 않으면서 자신의 옹근 인생을 살아가고, 다른 누가 자기를 통제하도록 놔두지도 않는다. 더 이상 다른 사람들을 판단하지 않고, 그들이

하는 짓 때문에 투덜거리지도 않는다. 자신이 다른 누구를 통제할 수 없다는 것을 알기 때문이다. 더 이상 감정의 독소를 마음속에 품고 싶지 않아서 자신에게 상처 준 사람을 용서하는 모습을 상상해보라. 다른 모두를 용서하고, 심지어나 자신을 용서하는 것만으로도 머리와 가슴이 치유되고 감정의 아픔이 사라진다.

더는 거짓 이야기꾼을 믿지 않기 때문에 스스로 선택할 수 있는 힘을 회복했다고 상상해보라. 바야흐로 당신은 충만함과 내면의 평화, 사랑으로 삶을 누린다. 더 이상 거짓말을 믿지 않을 때, 어떻게 배우자와 자녀들을 대하고 다음 세대를 가르치겠는지 생각해보라. 거짓말을 믿지 않는다는 아주 단순한 이유로 인류 전체가 변화하는 모습을 상상해보라.

◆ 말은 순수한 마법이다. 그것은 하느님한테서 오는 자연의 힘이고, 믿음은 그 힘을 유도하는 인위의 힘이다. 우리의 가상현실에 있는 모든 것이 말로 창조된다. 자기 이야기를 만들고 자기가 경험하는 모든 것에 의미를 부여할 때 사용하는 것이 말이다.

◆ 믿음은 우리 마음에 저장된 모든 말과 믿음을 살아있게 하는 힘이다. 우리가 어떤 개념에 동의하면 믿음이 생겨나고, 그것은 기억으로 저장된다. 믿음은 우리의 모든 신념을 단단하게 다지고 꿈 전체에 의미와 방향을 잡아주는 시멘트와 같다.

◆ '관심 끌기'는 사람과 사람 사이 정보를 전달하는 사용하는 마음작용의 일부다. 관심을 끄는 것으로 우리는 소통의 통로를 만들고, 그 통로로 정보를 주고받는다.

◆ 우리가 아는 지식의 틀이 우리 인생의 꿈을 지배한다. 우리가 그 틀을 믿기 때문이다. 우리의 믿음은 자기 이야기 속이나 이성적인 추론에 있는 것이 아니다. 우리의 믿음은 자기가 아는 지식의 틀에 갇혀 있으며, 오직 진실만이 그것을 풀어줄 수 있다.

◆ 진정한 믿음 또는 자유로운 믿음은 지금 이 순간에 느끼는 바로 그것이다. 이 순간은 진짜다. 지금 당신은 생명을 믿고 자기 자신을 믿는다. 이유 없이 믿는다. 그것이 지금 이 순간 당신의 창조하는 힘이다. 이 힘으로 당신은 원하는 무엇이나 창조할 수 있다.

◆ 눈먼 믿음은 당신을 어디로도 안내하지 못한다. 그것이 진실을 따르지 않기 때문이다. 거짓에 눈멀게 되면 우리는 하느님과 분리되었다는 착각에 빠지고, 그 결과 창조하는 힘을 잃는다.

◆ 더 이상 거짓말을 믿지 않을 때, 우리는 자유의지를 회복

하고 스스로 선택할 수 있다. 자기가 믿고 싶은 것을 믿는 힘을 되찾는 것이다. 원하는 것을 믿을 수 있는 힘이 생기면 우리가 원하게 될 것은 사랑뿐이다.

제9장

이야기꾼
바꾸기

네 가지 합의 合意라는
매혹적인 방법

이로써 어떻게 당신이 가상현실을 만들고 자기 인생의 꿈을 만드는지, 그리고 당신 인생이 하나의 이야기라는 것을 알게 되었다. 자, 이제 알았으니 하나 묻겠다. 당신은 자신의 이야기에 만족하는가? 여기서 중요한 것은, 당신이 어떤 사람이든 원하는 사람이 될 수 있다는 것이다. 당신이 작가고, 당신 인생은 스스로 만드는 것이기 때문이다. 다른 누구 아닌 당신의 이야기다. 당신의 코미디 아니면 당신의 드라마다. 그 이야기를 바꿀 수 있는데, 왜 깨어서 바꾸려 하지 않는 것인가?

이제 당신은 깨어있는 예술가로서 작품이 맘에 들지 않으면 개작할 수 있다는 사실을 알게 되었다. 끊임없는 수련이 장인匠人을 만든다. 무언가를 다르게 만드는 건 실천적 행위다. 이 사실을 알게 되었을 때 내가 한 일은, 내 작품에

책임을 지고 내 프로그램을 개선하는 것이었다. 예술가로서
나는 모든 작용과 반작용의 가능성을 탐색하기 시작했다.
어쨌거나 이 탐색이 우리의 본성이다. 무엇을 탐색하는가?
생명(life)을! 다른 무엇을 우리가 탐색할 수 있겠는가?

　자기 인생의 이야기를 바꾸는 것을 톨텍은 '변형의 통달
通達'이라고 부른다. 이야기꾼이자 꿈꾸는 사람인 자기 자신
을 바꾸는 것이다. 삶은 빠르게 바뀐다. 그리고 당신은 자
신이 끊임없이 변한다는 사실을 알고 있다. 하지만 더 이상
변화에 저항하지 않을 때 비로소 당신은 변형의 달인達人이
된다. 저항하지 않고 오히려 기꺼이 받아들일 때, 변화를 즐
길 수 있다. 변형의 달인이 되는 것은 언제 어디서나 지금
이 순간을 사는 것이다. 삶은 '영원한 지금'이다. 생명의 힘
이 바로 지금 모든 것을 창조하고, 바로 지금 모든 것을 변
화시키고 있기 때문이다.

　자신의 이야기를 어떻게 바꿀 참인가? 이제 당신은 자신
에 대한 믿음에 따라서 자기 이야기를 만든다는 것을 알고

있다. 자신에 대한 믿음을 바꾸는 길은 이미 배워서 알고 있
는 것들을 지우는 데 있다. 그것들을 지우면 믿음이 당신에
게 돌아오고, 당신의 힘이 커지며, 그리하여 새로운 믿음을
지니게 된다.

　진실을 알고 싶다면, 거짓에서 벗어나 믿음을 회복할 준
비가 되었다면 기억하라. 당신 자신을 믿지 말라. 그리고 다
른 누구도 믿지 말라. 이렇게 하면 많은 것들을 명확히 알게
될 것이다. 하지만 더 이상 거짓말을 믿지 않고 자기를 거
스르는 기존의 합의들을 깨려면 도움을 좀 받아야 한다. '네
가지 합의'가 도움이 될 것이다. 이것은 오직 당신 이야기의
주인공인 당신을 위한 것이다. 다음 네 가지 단순한 합의로
본연의 자신에게 돌아갈 수 있다. 1.무고한 말을 할 것. 2.어
떤 것도 자신의 것으로 받아들이지 말 것. 3.추측하지 말 것.
4.언제 어디서나 지금 하고 있는 일에 몰두할 것.

　자신의 이야기를 바꾸는 데 도움이 될 방법은 많겠지만,
나는 이 네 가지 합의를 적극 추천한다. 왜냐? 무엇보다도

자신에게 해로운 방식으로 말하도록 배운 것들을 청소하는
데 도움이 되기 때문이다. 이 네 가지 합의를 받아들여 그대
로만 하면 미신과 거짓말에 불과한 온갖 견해들을 지울 수
있다. 무고無辜한 말을 하라. 당신은 자신의 말로 자신의 이
야기를 만들기 때문이다. 어떤 것도 자신의 것으로 받아들
이지 말라. 당신은 자기 이야기 안에 살고, 남들도 저마다
자기 이야기 안에 살기 때문이다. 추측하지 말라. 대부분의
추측이 진실이 아니기 때문이다. 그것들은 거의 다 허구다.
이야기꾼이 이야기를 지어낼 때, 특히 다른 이야기꾼에 대
한 이야기를 지어낼 때 그것은 커다란 드라마가 된다. 언제
어디서나 지금 하는 일에 몰두하라. 그러면 지식의 목소리
가 당신을 심판하지 못하고, 당신이 매사에 몰두하면 그 목
소리가 더는 당신에게 말을 못하게 된다.

　머릿속 거짓말쟁이 이야기꾼은 당신이 스스로를 거스르
는 방식으로 말하게 한다. 모든 것을 자신의 것으로 받아들
이게 하고, 수많은 추측을 하게 만들고, 최선을 다하지 못하

게 한다. 무고한 말을 하라는 첫째 합의가 으뜸가는 합의다.
삶을 통제하는 온갖 거짓말을 알아보게 도와주기 때문이다.
무고한 말을 하라는 것은 진실과 사랑에서 나오는 말을 하
라는 뜻이다. 다른 세 가지 합의는 첫째 합의를 보완하는 것
들이다. 그것들 모두가 변형의 달인이 되는 데 유용하지만,
목표는 첫째 합의를 완성하는 데 있다. 이 네 가지 합의를
수련하다보면 이윽고 진실을 경험하고, 그에 어울리는 감정
으로 반응하는 놀라운 순간을 맞게 될 것이다.

　나는『네 가지 합의(The Four Agreements)』라는 책을 썼
다. 여기서는 간략하게 그 내용을 소개하겠다. 이 책을 읽으
면 이미 '네 가지 합의' 모두를 알고 있다는 생각이 들 것이
다. 사실이 그렇다. 그것들이 '참 당신'한테서 오는 것이고,
참 당신은 바로 '참 나'이기 때문이다. 당신의 영靈이 같은
것을 말하고 있다. 그것은 순수한 상식이다. 그 책은 사랑의
메신저다. 당신을 참 당신으로 데려가는 길에 열려있는 문
과 같다. 하지만 그 길을 걸어야 하는 것은 바로 당신이다.

자기 자신을 발견하고, 자기만의 방식으로 이야기를 다시
쓰는 데 사용할 도구를 얻으려면 용기가 필요하다. 이 네 가
지 합의를 수련하는 것만으로 자신의 이야기를 완전히 바
꿀 수 있다. 이제 네 가지 합의를 하나씩 자세히 살펴보자.

첫째 합의, 무고한 말을 하라. 이 말은 자신의 이야기를
쓸 때 스스로를 거슬러 말하지 말라는 것이다. 무고하다
(impeccable)는 말은 '죄가 없다'는 뜻이다. 자기 자신을 거
스르는 모든 행위가 죄다. 거짓말을 믿는다는 것은 자신에
게 해로운 방식으로 말의 힘을 쓰고 있는 것이다. 아무도 나
를 좋아하지 않고, 아무도 나를 이해하지 못하며, 나는 절대
결코 성공할 수 없다고 믿는 것은 자기 자신을 거슬러 말하
는 것이다.

세상의 많은 철학이 거짓말을 왜곡된 말로 이해한다. 어
떤 전승에서는 이런 왜곡을 '악(evil)'이라고 부른다. 나는
'우리가 자신을 거슬러 말한다'는 표현이 더 좋다. '악'이라
고 부르면 스스로를 심판해 죄의식을 느낄 수 있기 때문이

다. 누군가 자기를 거부하고 반려동물보다 저 자신을 함부로 대한다고 해서 '악하다'고 말하지 않는다. 당신에게 흠이 없으면 결코 자신을 거슬러 말하지 않고, 자신을 거스르는 믿음을 지니지도 않고, 다른 사람들이 그러도록 놔두지도 않을 것이다. 무고하다는 것은 자기 자신을 해치는 데 지식을 쓰지 않고, 머릿속 목소리가 자신을 비난하게 놔두지 않는다는 뜻이다. 이 정도면 무고한 말을 하라는 첫째 합의가 웬만큼 이해될 것이다.

기억하자. 말은 당신의 힘이다. 말로 당신의 현실을 만들기 때문이다. 당신 이야기의 주인공도 그 말로 만들어가는 것이다. 자신에 대한 모든 견해와 믿음이 자신의 말로 생겨난다. "나는 멋쟁이다, 나는 바보다, 나는 예쁘다, 나는 못생겼다." 이런 말에는 힘이 있다. 더욱이 다른 사람들과 교류할 때 그 힘은 더욱 세어진다. 말을 할 때마다 당신의 생각이 소리가 되고 말이 되어 다른 사람들 마음속으로 들어갈 수 있기 때문이다. 그들의 마음이 그 씨앗을 받아들이기 좋은 옥토沃土라면 사람들은 그것을 받아먹고, 이제 당신의 생각은 그들 속에서도 살아갈 것이다.

말은 눈에 보이지 않는 힘이지만 그 결과는 눈에 보인다. 당신의 말이 겉으로 표현되는 것이 곧 당신의 인생이다. 자신이 말을 어떻게 사용하는지 알아보는 방법은 자신의 감정이 어떻게 반응하는지를 보는 것이다. 무고한 말을 할 때, 그러고 있다는 것을 어떻게 알 수 있는가? 그럴 때 당신은 행복하다. 기분이 좋다. 사랑이 느껴진다. 자기를 거스르는 말을 할 때, 그러고 있다는 것을 어떻게 알 수 있는가? 음, 그때 당신은 질투가 나거나 화가 나고 슬퍼진다. 이 모든 괴로움이 말을 잘못 사용한 결과다. 거짓말로 오염된 머릿속 지식을 믿은 결과다. 말을 깨끗하게 정돈하면 무고한 말을 하게 될 것이고, 그러면 두 번 다시 자기를 거스르지 않을 것이다. 무고한 말만 하기로 동의하면, 당신은 인류가 잃어버린 낙원에 충분히 들어갈 수 있다. 당신을 진실로 돌아가게 하고, 당신의 전체 이야기를 바꿀 수 있는 힘이 거기에 있다. 이제부터 말로 자신을 헐뜯거나 비난하지 않고, 오직 무고한 말만 하겠다고 굳게 다짐하라. 간단하다.

둘째 합의, 어떤 것도 자신의 것으로 받아들이지 말라. 이 것은 당신이 동의한 수많은 거짓말을 지우는 데 도움이 된 다. 그 가운데 무언가를 자신의 것으로 받아들이면, 그에 대 한 반작용으로 상처를 입고 감정에는 독소가 스며든다. 그 러면 앙갚음을 생각하게 되고, 남을 해치는 말을 하게 된다. 이제 당신은 누가 무슨 말을 하든 피카소가 당신 얼굴을 그 려놓고 '이게 당신'이라고 말하는 것과 비슷하다는 것을 알 게 되었다. 그냥 어떤 이야기꾼이 제가 만든 이야기를 들려 주는 것일 따름이다. 어떤 것도 자신의 것으로 받아들이지 않으면 모든 인간관계에서 감정적 독소에 면역이 생긴다. 상처 받은 감정으로 자제력을 잃고 반응하는 일이 없어진 다. 이로써 당신은 명료해지고, 자기가 무슨 이야기를 지어 내고 있는지 모르는 사람들보다 한 발 앞서 나아가게 된다.

둘째 합의는 인생에서 모든 거짓말의 핵심에 도달할 때

까지 수많은 작은 거짓말을 부수도록 이끌어준다. 이렇게 되면 거짓의 체계가 붕괴되고, 자신만의 방식으로 제2의 이야기를 만들 기회가 생긴다. 톨텍은 이를 가리켜 '인간의 꼴을 잃음'이라고 말한다. (여기 '인간의 꼴'을『금강경(金剛經)』의 '아상我相'과 같은 뜻으로 읽을 수 있겠다.-옮긴이) 인간의 꼴을 잃으면 당신은 본연의 자신에게 맞는 믿음을 선택할 기회를 얻게 된다. 무엇을 믿을지 스스로 선택할 기회가 어린 당신에게는 없었다. 당신이 믿기로 동의한 모든 것이 자신의 뜻과 상관없이 밖에서 주어진 것들이었다. 이제 당신에겐 어릴 때 없었던 기회가 생겼다. 초점을 모아 거짓말 아닌 진실에 바탕을 두고 자신의 이야기를 만들 두 번째 기회를 얻었다는 말이다. 톨텍은 이를 '두 번째 초점의 꿈'이라고 부른다. 나는 그것을 '두 번째 이야기'라고 말한다. 왜냐하면 그것이 아직은 이야기이고, 아직은 꿈이기 때문이다. 하지만 당신의 두 번째 선택이다.

  인간의 꼴을 잃으면 당신의 의지는 다시 자유로워진다.

당신은 믿음의 힘을 되찾고, 그 믿음으로 뭐든지 할 수 있다. 원한다면 다른 방식으로 인생을 재창조할 수도 있다. 하지만 세상을 구하는 것이 목표는 아니다. 인생의 유일한 사명은 자기 자신을 행복하게 해주는 것이다. 그게 전부다. 아주 간단하다. 그리고 자신을 행복하게 해주는 유일한 길은 자신을 행복하게 해줄 이야기를 스스로 만드는 것이다. 우리에겐 어떤 일이든 일어날 수 있다. 주변에서 일어나는 일은 어떻게 할 수 없지만 자기 이야기를 만드는 방식은 스스로 선택할 수 있다. 자신의 이야기를 막장드라마로 만들어서 일어나는 모든 일에 슬퍼하고 낙담할 수도 있다. 물론, 이런 드라마가 전혀 없는 이야기를 만들어볼 수도 있다.

셋째 합의, 추측하지 말라. 이는 자유로 가는 훌륭한 티켓이다. 무언가를 추측하면 어떤 일이 생기는가? 이야기꾼이 이야기를 만들어내고, 우리는 그 이야기를 믿는다. 그러면서 진실을 밝히는 질문은 하지 않는다. 우리 꿈의 대부분이 추측에 의한 것이며, 바로 그 추측이 진실과 아무 상관없는

미망의 세계를 창조하고 우리는 그것을 믿는다. 자기 마음
대로 추측하고 그 추측을 진실로 받아들이는 데서 이 세상
의 지옥이 열린다. 사람들이 제멋대로 추측하고 그것을 진
실이라고 믿기 때문에 수많은 문제들을 일으킨다. 온갖 갈
등과 다툼의 바탕이 여기에 있다.

　알아본다는 것은 무엇이 진실인지를 알고, 자기 믿음을
정당화하는 방식이 아니라 모든 것을 있는 그대로 보는 것
이다. '알아봄에 통달하는 것'이 톨텍의 첫 번째 통달인데
우리는 그것을 '진실의 통달'이라고 한다.

　우선, 당신은 머릿속 목소리가 항상 자신에게 어떤 이야
기를 들려주고 있다는 사실을 알아야 한다. 당신은 항상 꿈
을 꾸고 있다. 무언가를 감지하는 것은 사실이지만, 자신이
감지한 것을 머릿속 이야기꾼이 정당화하고 설명하고 추측
하는 방식은 진실이 아니다. 그냥 하나의 이야기다.

　다음으로, 당신은 머릿속 이야기꾼의 목소리가 반드시
필요한 자신의 목소리는 아니라는 것을 알아야 한다. 머릿

속의 모든 개념에는 저를 나타내고 싶어 하는 목소리가 있다. 그것은 꿈을 꾸고 있다. 당신의 관심을 끌고 제가 있어야 하는 이유를 정당화하려고 한다. 당신의 다른 부분인 듣는 당신, 꿈을 꾸고 있는 당신은 그 모양으로 당하고 있는 당신이다.

마지막으로, 당신은 알아봄에 통달할 때까지 알아보기 수련을 해야 한다. 알아차림을 습관으로 삼으면 당신은 모든 것을 보고 싶은 대로가 아니라 있는 그대로 보게 된다. 더 이상 무언가를 말로 표현하려거나 어떤 것도 해명하려 하지 않으니 아무것도 추측하지 않게 된다. 남들과 소통할 때만 말을 사용하고, 자신의 말도 자기 믿음에 근거한 관점일 뿐이라는 것을 알고 있다. 자신이 믿는 것도 그냥 하나의 프로그램이며, 대부분 거짓으로 이루어진 생각에 불과하다는 것도 알고 있다. 그렇기 때문에 귀 기울여 듣고 질문해야 한다. 소통이 명료하면 사람들은 당신에게 온갖 필요한 정보를 줄 것이며, 당신은 더 이상 추측할 필요가 없어진다.

　넷째 합의, 언제 어디서나 지금 하는 일에 몰두하라. 지금 하는 일에 몰두하면 지식의 목소리가 자신을 판단할 짬이 없다. 그 목소리가 판단하지 않으면 죄의식을 느끼거나 자신을 벌하지 않아도 된다. 지금 하는 일에 몰두하면 생산적인 사람이 될 것이다. 실제로 유익한 행동을 하게 된다는 말이다. 지금 하는 일에 몰두한다는 것은 자신이 하고 싶은 일을, 그 일로 행복해지기 때문에 한다는 말이다. 해야 하기 때문이 아니라 하고 싶어서 하는 것이다.

　인생에서 가장 좋은 순간은 온전한 자신으로 존재할 때다. 스스로 창조하는 사람이 되어 하고 싶은 일을 할 때, 당신은 다시 참 당신이 된다. 그 순간에는 생각하지 않는다. 행동으로 자기를 표현한다. 무엇을 골몰히 창조할 때는 마음(생각)을 쓰지 않는다. 다시금 싱싱하게 살아있는 것이다. 감정이 쏟아져 나오지만 거기에 신경 쓰이지 않는다. 행위, 그저 행동하는 것만으로도 기분이 좋아진다. 가만히 있으면 마음이 뭔가 해야 하지 않느냐고 할 텐데, 그것이야말로 지식의 목소리에 다시 떠들 기회를 주는 것이다. 하지만 지금 하는 일에 몰두하면 생각이 틈을 비집고 들어와 이러니저러니 참견할 수 없게 된다.

창작을 할 때는 예술 작품에 말을 사용하더라도, 지식의 목소리가 끼어들 자리가 없다. 시를 쓸 때는 시에 쓰는 단어들을 생각하는 게 아니라 그냥 감정을 표현하는 것이다. 단어는 무언가를 표현하는 데 쓰는 도구이자 기호다. 당신이 음악가라면 당신과 음악 사이에는 아무 거리가 없다. 당신은 곡을 만드는 사람인 동시에 모든 멜로디와 사운드를 즐기는 사람이다. 자신이 하고 있는 일과 하나 되는 것보다 더한 즐거움은 없다. 음악가라면 이 말이 무슨 뜻인지 알 것이다. 진정한 자신을 표현하는 일은 누구에게나 일어날 수 있는 가장 위대한 사건이다. 자신을 표현하는 것만으로도 황홀해지는 까닭은, 그렇게 자기를 창조하고 있기 때문이다. 이것이 바로 삶이 예술이라는 뜻이다.

지금 하는 일에 몰두하는 것은 자기 자신과 창조행위와

생명의 힘을 신뢰하는 것이다. 목표를 정하고 그것을 달성
하는 데 집착하지 않으며 있는 힘을 모두 쏟아 붓는 것이다.
과연 그 목표를 달성할 것인지는 알 수 없다. 하지만 상관없
다. 그저 최선을 다한다. 그래서 뜻을 이루면? 원더풀! 좋다.
뜻을 이루지 못하면? 그래도 원더풀! 역시 좋다. 어쨌거나
당신은 완벽하다. 사랑으로 무엇을 한다는 것 자체가 놀라
운 일이기 때문이다. 행동하는 것은 자기 자신을 표현하는
것이다. 자기 영靈을 나타내는 창조 작업이다.

　살면서 내리는 모든 결단에 겁 없이 책임지라. 어떤 결정
도 옳고 그른 것은 없다. 중요한 건 선택에 따른 행위다. 인
생의 모든 것이 선택이다. 자신의 선택으로 자신의 꿈을 지
배하는 것이다. 모든 선택에는 결과가 따르고, 꿈에 통달한
사람은 그 결과에 깨어있다. 또한 무엇을 하든지 그에 대한
반작용을 경험하게 마련이다. 당신의 지식이 작용이면 당신
의 감정은 그에 대한 반작용이다. 그래서 지식의 목소리에
깨어있는 것이 매우 중요하다고 말하는 것이다.

지식의 목소리는 언제나 행복을 방해한다. 인생에서 가장 행복한 순간은 어린아이처럼 놀고 있는 때다. 그런데 목소리가 이렇게 말한다. '이건 너무 좋아서 아무래도 수상해. 그러니 정신 차리고 현실로 돌아가자.' 그래서 결국 지식의 목소리가 말하는 현실이란 고통이다.

인생은 참으로 놀라운 것이다. 자신을 사랑하면 매사에 최선을 다하는 것이 버릇이 된다. 지금 하는 일에 몰두하는 버릇이 들면, 철부지 아이들에게 그렇듯이 무슨 일을 하든 항상 행복할 것이다. 하지만 그러려면 먼저 혼자 속으로 하는 대화를 멈추어야 한다. 이는 모든 사람이 경험할 수 있는 가장 큰 기적이다. 지식의 목소리가 더 이상 당신에게 말할 수 없게 된다면, 당신은 거의 모든 거짓말에서 해방된 사람이다.

사람들은 나에게 내면의 대화를 물리칠 주문이라도 있느냐고 묻는다. 그런 쓸데없는 대화를 물리치려면 자신이 쓸 수 있는 모든 방법을 강구해보기 바란다. 비결이 따로 있는

것은 아니다. 자신만의 방법을 찾기까지 이렇게 저렇게 해
보는 것이다. 어떤 사람에게는 주문을 외는 것이 기적을 불
러올 수 있다. 또 다른 사람은 명상이나 묵상 또는 음악으로
기적을 부를 수도 있다. 산책을 하면서 아름다운 자연에 심
취하는 사람도 있다. 요가, 춤, 달리기, 수영 따위 운동도 좋
다. 당신에게 달렸다.

내가 십대소년일 때 할아버지가 말씀하셨다. "네 머릿속
목소리를 잠재우는 데는 음악이 최고란다. 음악으로 목소리
를 대신해봐. 음악은 말로 설명되는 게 아니거든. 누가 어떻
게 베토벤 교향곡 5번을 말로 설명할 수 있겠니? 감흥은 있
겠지만 그것을 말로 표현할 수는 없지. 너도 악기를 한번 연
주해보렴."

나는 그 말씀을 이해할 수 있었지만 할아버지의 음악은
내 취향이 아니었다. 할아버지는 클래식 음악을 좋아하셨
다. 그래서 말씀드렸다. "그건 아닌 것 같아요. 좀 지루해요."
물론 나도 음악을 듣고는 있었지만, 내가 좋아하는 건 비틀

즈였다. 그런데 노랫말이 모두 영어였다. 당시에 나는 스페인어밖에 할 줄 몰라서 그 노래가 무슨 얘기인지 알 수 없었다. 그 노래에도 드라마가 있었겠지만, 나는 그걸 드라마로 받아들이지 않고 하나의 아름다운 선율로 받아들였다.

비틀즈를 듣는 것이 나에게는 진짜 효과가 있었다. 그들의 목소리는 다른 악기 소리와 같았고, 그것이 내 지식의 목소리를 밀어내고 빈자리를 채웠다. 내가 음악을 좋아한 것은 음악을 들을 때 머릿속에 음악 말고는 아무것도 없었기 때문이다. 할아버지 말씀을 처음 들었을 때는 내게 클래식을 권하는 거라고 제멋대로 추측했다. 하지만 귀를 낚아채는 말이 따로 없으면 드럼이나 트럼펫이나 어떤 악기도 훌륭한 음악이다. 문제는 음악에 말이 있으면, 그 의미를 머리로 궁리한다는 데 있다.

사람 마음을 잠재우는 방법은 여러 가지가 있겠지만, 내 생각에는 '네 가지 합의'를 지키는 것이 가장 탁월한 방법이다. 여기에는 자신을 거스르는 수천 가지 작은 합의를 깨드리는 힘이 있지만, 보기만큼 간단하지는 않다. 많은 사람들이 말한다. "네 가지 합의를 이해합니다. 그게 내 삶을 바꿔주고 있다는 것도 알겠어요. 하지만 어느 순간부터 계속 해나갈 수가 없습니다." 당신이 계속 해나갈 수 없는 이유는 그 순간 어떤 믿음에 맞닥뜨리는데, 그 믿음을 바꾸려는 의지보다 믿음 자체가 더 강력하기 때문이다. 그래서 작은 믿음들로 본연의 믿음을 회복하는 게 중요하다고 말하는 것이다. 그것들이 좀더 강한 믿음으로 나아가는 데 도움이 될 것이다.

'네 가지 합의'는 수련할수록 그 의미가 더욱 더 깊어진다.『네 가지 합의(The Four Agreements)』를 두세 번 읽으면 매번 다른 책처럼 느껴질 것이다. 그동안 사소한 합의들을 꽤 많이 지워버렸기 때문에, 실제로 완전히 다른 책으로 보일 수도 있다. 이제 당신은 영靈의 눈이 뜨이는 그 순간까지 깊이, 더 깊이 들어갈 수 있다. 그래서 마침내 변화하게 되면 당신은 꿈의 달인達人이 되어, 말을 배우기 전에 느꼈던 순수한 감정의 겁 없고 솔직한 표현을 되찾을 것이다.

◆ 자신에 대한 믿음을 바꾸는 길은 이미 배운 것들을 지우는 데 있다. 그럴 때 당신의 믿음은 자신에게 돌아오고, 개인의 능력도 커지며, 새로운 믿음을 심을 수도 있다.

◆ '네 가지 합의'는 자기 자신을 거슬러 말하는 온갖 습관을 떨쳐내는 데 도움이 된다. 이 합의들을 따르면, 대개는 미신이고 거짓말에 불과한 견해들에 도전할 수 있다. '네 가지 합의'란 이 것이다. 1.무고한 말*을 할 것. 2.어떤 것도 자신의 것으로 받아 들이지 말 것. 3.추측하지 말 것. 4.언제 어디서나 지금 하는 일에 몰두할 것.

---

* 사전적으로는 잘못이나 허물이 없다는 뜻이지만, 여기서는 자신과 남을 해치지 않는 말을 뜻한다.

◆ 지식의 체계가 무너질 때, 본연의 자신에게서 나오는 다른 이야기를 창조할 두 번째 기회를 얻는다. 그리하여 거짓말 아닌 진실에 바탕을 두고 다른 이야기를 만들 수 있다. '두 번째 초점의 꿈'에서 믿음의 힘을 회복하고 의지가 자유로워지면, 그 힘으로 당신은 무슨 일이든 할 수 있다.

◆ 지금 하고 있는 일에 몰두하다보면 마음(생각)은 거의 말을 못하게 된다. 그 행위 자체가 참 자기를 나타내고 있다. 아무 일도 하지 않으면 마음이 다시 활동하는데, 그러면 지식의 목소리가 다시 떠들도록 불러들이는 것이다.

◆ 본연의 자신으로 존재할 때, 자기 자신이 될 때가 인생 최고의 순간이다. 창작에 몰두하고 사랑하는 일을 할 때, 참 자기로 돌아간다. 그 순간에는 생각하지 않는다. 그냥 자신을 표현할 뿐이다. 감정이 순수하게 표출되고, 그것으로 만족하게 된다.

◆ '네 가지 합의'를 수련하면 영靈의 눈을 뜰 때까지 그 의미가 더욱 깊어진다. 그러면 당신은 말을 배우기 전에 그랬듯이 솔직하고 겁 없이 감정을 표현하게 된다.

제10장

자기 이야기를
사랑으로
쓰기

인생, 그 끝없는 로맨스

　자기 이야기를 쓰는 가장 좋은 방법은 무엇일까? 길은 오직 하나, 사랑으로 쓰는 것이다. 사랑은 내가 이야기를 쓸 때 사용하는 재료다. 사랑은 본연의 나, 참 나로부터 나오는 것이기 때문이다. 나는 내 이야기의 주인공을 사랑한다. 그리고 다른 조연들도 사랑하고 좋아한다. 나는 '당신을 사랑한다'는 말을 망설이지 않는다. 당신은 이렇게 말할지도 모르겠다. "내가 누군지도 모르면서 어떻게 나를 사랑한다는 거지?" 나는 당신을 알아야 할 이유가 없다. 내 사랑을 증명할 이유도 없다. 내가 당신을 사랑하는 것은, 그러면 내가 기쁘기 때문이다. 나한테서 나오는 사랑이 나를 행복하게 해준다. 당신이 나를 거부해도 상관없다. 내가 나를 거부하지 않기 때문이다. 나는 내가 만든 이야기 속에서 끊임없는 로맨스를 경험한다. 나에게는 모든 것이 아름답기만 하다.

사랑으로 사는 것은 다시 살아나는 것이다. 본연의 자신으로, 말을 배우기 전의 자신으로 돌아가는 것이다. 본연의 자기를 회복하면 언제 어디서나 사랑을 하게 된다. 인생을 영원한 로맨스로 살게 된다. 자기 자신을 사랑하면 다른 사람도 사랑하기가 쉬워지기 때문이다. 혼자 있는 것만으로도 너무나 좋고, 다른 사람들과 어울리면 행복을 나누고 싶어진다. 당신에겐 사랑이 아주 많아서 행복해지는 데 남들의 사랑이 필요치 않다. 그렇다고 다른 사람들의 사랑을 받아들이지 않는다는 뜻은 아니다. 물론 그 사랑을 받는다. 좋은 음식, 좋은 술을 먹고 마시며 좋은 음악도 듣고 사는데 좋은 사랑이라고 왜 마다하겠는가?

자신을 예술가로 여기고 인생을 작품으로 본다면, 자신에게 가장 좋고 아름다운 이야기를 만들어보는 게 어떨까? 당신 이야기고 당신의 선택이다. 사랑과 로맨스를 바탕으로 자기 이야기를 쓸 수 있다. 그러나 그 사랑은 자기 자신으로부터 비롯되어야 한다. 자기 자신과 완전히 새로운 관계로 시작해보라는 말이다. 당신은 더없이 아름답고 로맨틱하게 사랑하며 살 수 있다. 그 길은 당신이 그동안 동의한 것들을 바꾸는 데 있다.

당신이 할 수 있는 새로운 합의 중 하나는 자기 자신을 존중하는 것이다. 자기존중이라는 합의를 머릿속 목소리에게 알려주라. "이제 우리가 서로 존중할 때가 되었어." 그러면 대부분의 자기심판이 멈추고 자기거부도 끝날 것이다. 그러고 나면 그 목소리가 말하는 것을 막을 수는 없어도 대화는 전보다 훨씬 나아질 것이다. 좋은 아이디어와 근사한 대화가 머릿속에 떠오르고, 그것을 다른 사람들에게 말하면 사람들도 좋아할 것이다. 혼자 있을 때도 웃으며 즐거워하는 자신을 보게 될 것이다.

이제 자기 자신과의 관계가 왜 중요한지 알았을 것이다. 자신과의 갈등이 있을 때, 자기를 좋아하지 않거나 심하게는 미워할 때, 내면의 대화에 독소가 스며든다. 반대로 자신을 사랑할 때는 비록 머릿속 지식의 목소리가 있더라도 괜찮아진다. 자신을 사랑하면, 자신에게 친절하면 자기 자신과의 관계가 좋아진다. 그러면 다른 사람들과 맺는 모든 관계도 개선되는데, 이 모든 일이 자신과의 관계에서 비롯되는 것이다.

스스로에게 불친절하면서 어떻게 다른 사람들을 친절하게 대할 수 있겠는가? 우리는 느낀 것을 표현하고 싶어 하고, 목소리로 감정을 드러낸다. 기분이 나쁘다면 감정에 독소가 있다는 얘기고, 그것을 해독해야 한다. 그래서 머릿속 올가미에 걸려있는 온갖 안 좋은 생각들을 풀어놓으려는 것이다. 가슴속에 질투나 분노가 있으면 입에서 나오는 말이 그것을 나르게 되어있다. 지식의 목소리가 우리를 학대한다면 같은 목소리가 다른 사람들도 학대하지 않겠는가? 우리가 자기 자신하고 재미있게 지낸다면 그 재미가 바깥으로도 투사될 것이다.

자기와의 관계를 개선하는 첫걸음은 자기 자신을 있는 그대로 받아들이는 것이다. 당신은 자신을 사랑하는 법을

따로 배울 필요가 없다. 그동안 자기를 거부해온 온갖 이유
를 내다버리면 자연스럽게 자신을 사랑하게 된다. 자신이
투사한 이미지가 아니라, 뭔가를 잘해서가 아니라, 그게 바
로 당신이기 때문이다. 그러면 당신은 자신에게 필요한 모
든 것을 줄 수 있을 만큼 스스로를 사랑하며 즐거워할 수
있다. 다시는 자신을 버리고 떠나지 않는다. 자기 존재를 즐
길수록 인생이 더 즐거워지고, 주변 사람들과도 더 즐겁게
지낼 수 있다.

　사랑을 하면 '생명(Life)' 그 자체를 소중히 여기고 존중
하게 된다. 사랑과 존중으로 살아갈 때 당신이 만드는 이야
기는 연속되는 로맨스로 풍성해질 것이다. 삶을 사랑한다는
것은 살면서 경험하는 모든 일을 즐기는 것이며, 그것은 저
절로 이루어진다. 숨을 들이쉬고 내쉬는 것처럼 쉬운 일이
다. 사람이 살아가는 데 호흡은 절대로 필요한 것이며, 공기
는 더없이 소중한 선물이다. 공기가 고마운 줄 알기에 당신
은 호흡 자체를 사랑하게 된다. 공기에 대한 고마운 마음을

어떻게 표현할 수 있을까? 숨 쉴 때마다 공기를 음미하는 것이다. 숨 쉴 때마다 그 느낌에 집중하면 그게 습관이 되고, 적어도 일분에 열일고여덟 번은 공기를 음미할 수 있다. 숨을 쉰다는 것 하나만으로 사람은 행복할 수 있고, 사랑으로 살 수 있다.

그러나 이것은 사랑으로 할 수 있는 일 한 가지에 불과하다. 삶의 모든 행위가 사랑의 의식儀式이 될 수 있다. 우리는 음식이 필요하다. 공기를 고마워하는 것처럼 음식에도 그럴 수 있다. 음식 또한 사랑이다. 음식을 먹으면서 그 맛을 즐기고 식감을 느끼는 것 자체가 살면서 겪는 더없이 감각적인 경험이다. 무언가를 먹는 행위 속에는 아주 많은 사랑이 담겨있다. 먹을 때마다 주문呪文 하나를 왼다면 즐거움이 배가될 것이다. 주문은 한 마디, "맛있다." 식사할 때마다 이렇게 사랑을 연습하면 이내 거기에 버릇이 든다. 고마워하고 사랑을 표현하고 저항 없이 사랑을 받아들이는 것이 하나의 예전禮典이 되는 것이다.

대화도 사랑을 나타내는 또 다른 방법일 수 있다. 자기 이야기를 남들과 나누거나 남들의 이야기를 들을 때마다 우리는 사랑을 나눌 수 있다. 내가 어느 학생에게 준 과제 하나가 '사랑한다'는 말을 일주일에 적어도 천 번쯤 다르게 표현하라는 것이었다. 이렇게 '사랑한다'는 말을 다르게 표현하다보면 문득 마음이 열려서 천지만물이 자신에게 '사랑한다'고 말하는 걸 듣게 될 것이다. 그 사랑을 입증하거나 설명할 필요는 없다. 사랑을 이해하거나 따로 설명하려고 애쓸 것도 없이 그저 사랑을 주고받는 것이다.

사랑에 가슴을 완전히 열어놓을 용기를 내면 기적이 일어난다. 모든 것에서 자기 사랑의 그림자를 보게 되는 것이다. 그러면 먹고, 걷고, 말하고, 노래하고, 춤추고, 샤워하고, 일하고, 노는 그 모든 것이 사랑의 예전으로 바뀐다. 이렇게 모든 행위가 사랑의 예전이 되면 더 이상 생각을 하지 않게 된다. 그냥 느끼고, 인생을 즐긴다. 이렇게 모든 일에서 즐거움을 맛보는 까닭은 그 일을 사랑하기 때문이다. 살아있음 자체가 놀라운 일이며, 그래서 마냥 행복하다.

사람들은 나에게 묻는다. "미겔, 당신은 언제나 행복한가요? 한번도 짜증날 때가 없습니까?" 사람이 때로 짜증나는 것은 지극히 정상이다. 나는 잠을 충분히 못 자면 짜증이 난다. 간밤에 두 시간밖에 못 잤다면 아침에 몸이 찌뿌듯하고 짜증이 난다. 하지만 그 짜증은 다른 누구를 향한 것이 아니다. 몸이 개운치 않아서 좀더 자고 싶다는 이유로 다른 사람을 퉁명스럽게 대할 필요가 있는가? 몸 상태가 안 좋다고 느껴지면 언제든 나는 하던 일을 중단하고 침대로 가서 잠을 청할 것이다.

물론 내겐 짜증낼 권리가 있다. 그렇다고 사랑하는 사람이나 자녀들이나 직장 동료를 함부로 대해도 되는 것은 아니다. 이기적으로 짜증을 낸다면 주변 사람들도 행복해선 안된다고 생각할 것이다. '내가 이렇게 힘든데, 지금 웃고 있는 거야?' 이것은 그저 이기심에 불과하다. 이렇게 남들과의 사이에서 이기적인 것은 자신과의 사이에서 이기적이기

때문이다. 우리는 자기한테 느끼는 것을 남에게 그대로 투
사한다. 자기를 대하는 방식으로 남도 대하는 것이다.

자신의 이야기를 사랑으로 쓰는 건 쉬운 일이다. 사랑이
본연의 자신인데 그것을 복잡하고 어렵게 만들 이유가 없
다. 하지만 참 자기로 존재하지 않으면 사랑을 꺼리고 두려
워하게 된다. '사랑은 아픈 것'이라는 가장 커다란 거짓말을
믿기 때문이다. 앞서 말했지만, 사랑은 누구도 해치지 않는
다. 사랑은 오직 사람을 행복하게 할 뿐이다. 그런데도 사람
은 사랑한다면서 스스로에게 상처를 줄 수 있다. 누가 자신
을 진정으로 사랑한다고 해도 머릿속에서 들려오는 거짓말
에 그 사랑을 달가워하지 않을 수도 있다. "저 사람 나한테
서 뭘 바라는 거야? 결국 나를 이용하려는 거지." 이렇게 말
하는 것이다.

만일 사랑을 감지하지 못한다면, 사랑을 인식할 수 없다
면, 그것은 자기 안에 있는 독소만 인식하고 있기 때문이다.
내가 한 말은 내 책임이지만, 당신이 그 말을 어떻게 이해할

는지는 내가 어찌할 수 없다. 나는 당신에게 사랑을 줄 수
있지만, 당신은 그 사랑을 맘대로 해석하고 판단할 수 있지
않은가? 오직 당신의 이야기꾼만이 그것을 안다. 자기 자신
의 이야기를 더는 믿지 않으면, 그때 우리는 서로의 존재를
누리기가 쉬워진다.

　인간은 사랑으로 이루어진 존재다. 우리가 말을 배우고
지식을 갖추기 전에는 가슴을 열고 사랑하기 참 쉬웠다. 사
랑이 아닌 것은 거들떠보지도 않았다. 하지만 지식의 목소
리가 머릿속에 자리 잡으면서 우리는 사랑에서 멀어지고,
사랑이 아닌 것들을 추구하게 되었다. 우리에겐 언제나 선
택권이 있다. 자신을 사랑한다면 사랑을 선택한 것이다. 다
른 사람의 말을 그대로 믿거나 학대를 허용해서 스스로 상
처 입지 않는다. 누군가 우리를 학대했다면 우리가 그 자리
에 있으면서 그런 일이 일어나게 두었기 때문이다. 계속 그
자리에 머문다면, 스스로 벌 받아 마땅하다고 믿으며 그 사
람을 이용해 자기를 벌하는 것이다. 깨어있지 않으면 자기

나 남을 탓하기 쉽다. 이럴 때 해답은 비난이라는 것을 아예 하지 않는 것이다. 그 자리에서 벗어나 떠나버리는 것이다.

누군가 '사랑한다'고 말하면서 당신을 업신여겨 폭력을 휘두른다면 어떻게 그런 사람을 믿을 수 있겠는가? 누군가 '너를 사랑한다'고 말하면서 당신을 통제하려 하고, '반드시 이래야 한다, 저러면 안된다' 자기 생각을 강요한다면 어떻게 그런 사람을 믿을 수 있겠는가? 당신을 사랑한다는 사람이 어떻게 당신을 쓰레기 취급하고, 욕하고, 질투할 수 있단 말인가?

누군가를 사랑한다면서 어떻게 원치 않는 것을 강요하고 괴롭힐 수 있는가? '사랑하기 때문에' 무엇을 잘못했는지를 지적하고, '사랑하기 때문에' 상대방을 심판하고 잘못을 밝혀내 벌을 준다. '사랑하기 때문에' 상대를 항상 틀린 사람, 아무짝에도 쓸모없는 사람처럼 느껴지게 만든다. 그리고 '사랑하기 때문에' 상대방도 내 화풀이나 질투나 온갖 어리석음을 참아주어야 한다.

이런 게 사랑이라고 생각하는가? 아니, 사랑이 아니다. 단지 이기심일 뿐이지만 사랑이라고 우기는 것이다. 그러면서 '사랑은 아픈 것'이라고 말하지만, 이것은 자신의 거짓말로 스스로를 상처 입히는 행동이다. 진정한 사랑을 한다면서 상대와 갈등하고 상처를 준다는 건 말이 안된다. 그건 사랑이 아니다. 그래서 사람들이 사랑에 굶주리고 있는 것이다.

우리는 자신에게 결핍된 바로 그것을 인간관계에서 나누게 되어있다. 그러나 당신이 사랑에 열려있는 사람이라면 사랑을 받아들일 것이고, 사랑이 아닌 건 받아들이지 않을 것이다. 당신의 가슴은 사랑에 열려있는 것이지 학대에 열려있는 것이 아니다. 누군가의 비난이나 감정적 독소에 열려있는 것도 아니다. 당신의 마음은 더 이상 그런 것들을 받아들일 옥토가 아니기 때문이다. 자신을 존중하고 사랑한다면 다른 누가 자신을 무시하거나 모욕하는 것을 허용할 수 없다.

많은 사람이 나에게 와서 말한다. "아이고, 누가 날 좀 사랑해주면 좋겠어요. 누구라도 제대로 된 남자, 아니면 제대로 된 여자를 만나고 싶어요." 누가 제대로 된 남자 아니면 제대로 된 여자인가? 이건 상대가 아니라 자신에 관한 문제다. 만약 그런 사람이 나타나도 자기 자신을 대하듯이 한다면, 그러니까 자기만 아는 이기심으로 대한다면, 그 사람을 이용해 스스로를 해치게 될 것이다.

자기 자신을 좋아하지도 않으면서 어떻게 다른 사람과 진정한 사랑을 나누겠다는 것인가? 자기 자신도 사랑하지 않으면서 어떻게 다른 누구를 사랑하는 척할 수 있단 말인가? 스스로를 쓸모없는 사람이라 생각하고 존중하지 않으면 상대방도 존중하지 않게 된다. 자기를 존중하지 않으면서 어떻게 상대방을 존중할 수 있는가? 자신에게 없는 것을 무슨 수로 남한테 주겠다는 말인가?

가장 아름답고 애정 어린 사랑은 자신으로부터 비롯되어야 한다. 인간관계의 절반은 자기 몫이고 자기 책임이다.

자신을 존중할 때 사랑하는 사람도 존중하게 된다. 자신을 예우禮遇할 때 사랑하는 사람도 예우하게 된다. 그렇게 사랑을 주고 사랑을 받는다. 그러나 자기 안에 있는 것이 독소뿐이라면, 그것밖에 줄 것이 없다. 스스로 자신을 괴롭히니까 사랑하는 사람도 괴롭히게 되는 것이다. 어처구니없는 일이다.

자신의 이야기를 포함해서, 다른 사람들의 이야기에서 듣는 것은 대부분 거짓말이다. 하지만 그 이야기의 이면에는 저마다 사랑이 있다. 모든 사람, 모든 사물이 본디 신성하다(divine)는 뜻이다. 당신은 신성하고 완벽하다. 다만 예술가로서 자기 이야기를 만들어내고, 그것이 진실이라는 착각에 빠져있을 따름이다. 당신은 그 이야기를 정당화하면서 인생을 살아간다. 그러나 사실은 자기 이야기를 정당화하면서 인생을 낭비하고 있는 것이다.

인생은 매우 짧다. 지금 곁에 있는 친구나 자녀나 사랑하는 사람이 내일도 거기에 있을지는 아무도 모른다. 자신의 견해가 너무나 중요해서 배우자나 자식들과 다투는 장면을 상상해보라. 스스로 믿고 있는 거짓말 때문에 자제력을 잃고 사랑하는 사람에게 상처를 준다. 그런데 이튿날 그 사람이 죽는다. 알고 보면 확실하지도 않은 하나의 '견해' 때문에 사랑하는 사람에게 퍼부은 말에 어떤 느낌이 들겠는가?

인생은 짧다. 그래서 나는 아이들과 함께 있을 때 가능한 아이들과 즐겁게 지낸다. 사랑하는 사람과 가족, 친구, 직장 동료들을 되도록 기쁘게 해준다. 하지만 누구보다도 나 자신과 즐겁게 지낸다. 왜냐하면 나하고는 한 순간도 떨어져 있을 수 없기 때문이다. 아까운 시간을 하필이면 나를 심판하고 거부하면서, 나에게 죄의식과 수치심을 안겨주며 보낼 이유가 무엇인가? 어째서 분노와 질투 같은 감정으로 나를 몰아세운단 말인가? 나는 기분이 안 좋으면 왜 그런지 알아보고 해결한다. 그러면 다시 행복해져서 내 이야기를 계속 이어나갈 수 있다.

자신의 이야기를 사랑으로 쓰면 이야기의 주인공을 무조

건 사랑하게 된다. 거짓말에 바탕을 둔 옛 이야기와 사랑에
바탕을 둔 새 이야기의 가장 큰 차이가 바로 이것이다. 스스
로를 조건 없이 사랑하면, 당신은 감지하는 모든 것을 사랑
의 눈으로 보고 설명하게 된다. 그렇게 새로운 이야기의 주
인공이 눈길을 사로잡으면, 눈에 들어오는 모든 것이 사랑
으로 수렴된다. 바야흐로 당신 이야기의 조연들도 조건 없
이 사랑하기가 쉬워진다. 그게 새 주인공의 성품이기 때문
이다. 이것이 지혜다. 간단한 상식이다. 세계 모든 종교와
전통의 목표가 바로 이 경지에 도달하는 것이다.

　사랑은 너무나 단순하고 쉬우며 놀라운 것이다. 하지만
그것은 자기 자신으로부터 비롯되어야 한다. 깨어있으면서
자기 자신을 사랑할 때 모든 인간관계가 개선될 것이다. 깨
어있으면서 사랑할 줄 아는 사람이 참으로 드물다. 거의 모
든 사람이 깨어있지 않은 상태에서 사랑을 한다. 깨어있지
않은 상태에서 사랑하면 자기가 사랑을 받는다는 것조차
모를 수 있다. 어린아이가 당신을 보고 웃는 모습에 뭔가를

느낀다면, 그건 사랑이다. 하지만 머릿속 목소리는 '이런 건 사랑이 아니지'라고 말한다. 당신은 참 많이 사랑하고 사랑받지만, 자신이 사랑을 주고받는다는 걸 눈치조차 채지 못한다.

사랑과 존중은 아이들에게도 가르쳐줄 덕목이다. 아이들에게 사랑과 존중을 가르치는 유일한 길은 우리 자신을 사랑하고 존중하는 것이다. 다른 길이 없다. 다시 말하지만, 나에게 있는 것만 남에게 줄 수 있다. 자기한테 없는 것은 줄 수가 없다. 내가 아는 것만 말할 수 있다. 모르는 건 아무한테도 말할 수 없다. 우리 부모는 자신들의 부모한테서 배운 것을 나에게 가르쳐주었다. 그것 말고 무엇을 가르쳐줄 수 있었겠는가? 그들은 나보다 더 훌륭한 사람일 수 없었다. 내가 부모에게 받은 프로그램 때문에 그분들을 원망할 수는 없다. 그분들은 최선을 다했다. 부모님이 알고 있는 것은 그게 전부였고, 바로 그걸 다음 세대에 물려준 것이었다.

대대로 내려온 거짓말의 사슬을 끊는 유일한 방법은 어

른들을, 우리 자신을 바꾸는 것이다. 아이들은 늘 깨어있다. 아이들은 우리가 어떻게 하는지를 보고 그대로 배운다. 우리가 하는 말을 듣고서 배우는 게 아니다. 우리는 아이들에게 "절대로 거짓말하지 마."하고 말한다. 그러고는 얼마 후에 누가 벨을 누르면 아이들에게 "엄마 집에 없다고 그래." 하고 말한다. 집에서 무엇을 하든, 아이들은 우리가 처신하는 방식, 사람을 대하는 방식을 보고 배운다. 우리가 늘 집을 비우고 다니면, 그것이 아이들 눈에 보이는 평소 우리의 모습이라면, 아이들도 자라서 집을 비우고 제 자식들을 빈 집에 남겨둘 것이다. 우리의 말투가 바로 아이들의 말투다. 집에서 우리가 욕을 하면 아이들도 욕을 한다. 폭력을 당한 아이들이 폭력을 행사한다. 우리가 서로 싸우며 화가 나서 독소를 뿜으면, 아이들은 그게 사람 사는 방식인 줄 알고 그대로 배운다. 그리고 그것들로 제 이야기를 만든다. 우리가 집에서 서로 존중하고 사랑한다면 아이들이 달리 무엇을 보고 배우겠는가?

우리 자신을 변화시키고 자기를 사랑하는 것으로 아이들에게 전달한 메시지는 사랑과 진실의 씨앗을 담고 있다. 그 씨앗이 아이들 속에 들어가면 아이들의 삶을 바꿀 수 있다. 두려움, 심판, 부끄러움, 비난의 씨앗 대신 사랑과 존중의 씨앗을 아이들에게 나눠줄 때 그들의 인생이 어떻게 펼쳐질지 상상해보라. 우리가 아이들을 동등하게 소중한 인간으로 존중하며, 우리가 더 크고 강하다는 이유로 아이들의 자존감을 상하지 않는다면 그들이 어떤 인간으로 성장할 것인지 상상해보라. 아이들에게 안정감을 주고 자신의 목소리를 내라고 가르친다면 어떻게 되겠는가? 우리가 인간관계에서 사랑과 존중을 보인다면 모든 것이 어떻게 달라지겠는가?

사람들은 나에게 왜 아이들을 가르치지 않느냐고 묻는다. 그건 아이들에게 부모가 있기 때문이다. 아이들에게 무슨 말을 하든, 그 부모가 모두 지워버린다. 그래서 나는 부모와 교사들을 가르친다. 아이들이 부모와 교사들을 보고 배우기 때문이다. 인류의 미래는 아이들한테 달려있다. 언젠가는 아이들이 우리를 대신할 터인데, 지금은 아이들에게 우리처럼 되라고 가르치고 있다. 어렸을 때 부모님이 당신에게 완전히 다른 이야기를 들려주었다면 어떻게 되었을지 상상해보라. 지금 당신의 인생 이야기는 완전히 달라졌을 것이다. 하지만 당신은 지금이라도 자신의 이야기를 바꿀 수 있으며, 자녀가 있다면 그 아이들의 이야기를 바꾸는 유일한 길도 바로 이것이다.

사랑은 쉬운 일이다. 결코 힘든 일이 아니다. 하지만 우리에게는 할 일이 참으로 많다. 우리가 믿는 거짓말을 모두 지우는 게 그 일이다. 그런데 그게 쉽지 않다. 거짓말이 자신을 안전하게 해준다고 착각해서 거기에 집착하기 때문이다. 그래도 진실 알아보기 수련을 계속하면 점점 자기가 믿는 거짓말에서 벗어나기 쉬워진다. 수련으로 우리 삶을 바꾸는 게 쉬워지고, 인생이 점점 더 나아지는 것이다.

사랑을 많이 할수록 그만큼 많은 사랑을 나누고 받을 수

있다. 서로에게 베풀고 서로에게 받는 것이 인간관계의 목
적이다. 많은 말이 필요 없다. 누군가와 함께 시간을 보낼
때 중요한 것은 말이 아니라 느낌을 나누는 것이다. 서로 말
을 나누려 할 때도 복잡한 무엇이 필요 없다. '나는 너를 사
랑해.' 이 세 마디면 된다. 우리를 행복하게 하는 것은 다른
사람이 우리에게 주는 사랑이 아니라, 다른 사람에게 느끼
는 우리의 사랑이다.

   사랑을 경험하고 나면, 그 느낌을 말로 표현할 수가 없다.
하지만 사랑은 누구든지 해볼 수 있는 가장 위대한 경험이
다. 사랑을 경험한다는 것은 하느님을 경험하는 것이며, 지
금 여기서 하늘나라를 경험하는 것이다. 우리 시선이 더 이
상 지식의 목소리에 솔깃하지 않을 때, 우리의 지각은 훨씬
더 넓어진다. 자신이 어떤 감정으로 반응하는지 알게 되고,
다른 사람이 어떤 감정으로 반응하는지도 알게 된다. 나아
가서 나무, 꽃, 구름 같은 사물의 반응도 느끼게 된다. 우리
는 사방에서, 다른 사람들한테서까지 사랑이 오는 것을 본

다. 그러다가 어느 순간 황홀경에 빠져들어 더 이상 말할 무엇이 없어진다. 말하고 설명할 어떤 합의가 아직 없기 때문이다.

우리가 '사랑'이라고 부르는 것은 너무도 진부해서 (generic) 진정한 사랑이 아닐지도 모른다. 사랑은 말로 서술할 수 있는 것 이상이다. 앞서 말했듯이 우리는 진실을 어떤 말로도 진술할 수 없고, 다만 경험할 수 있을 뿐이다. 사랑도 그렇다. 우리가 진정으로 사랑을 아는 유일한 방법은, 사랑을 경험하고 사랑의 바다에 용감하게 뛰어들어 그것을 온전히 감지하는 것이다. 그 방법이 유일하지만, 우리는 너무 많은 두려움으로 세뇌되어 있어서 사방에서 오는 사랑을 보지 못하고 있다. 그러면서 자신을 사랑할 줄도 모르는 사람들에게서 사랑을 구한다. 물론 거기에는 사랑이 없고, 오로지 이기심과 누군가를 통제하기 위한 전쟁만 있을 뿐이다.

당신은 사랑을 찾아다닐 필요가 없다. 사랑은 여기에 있다. 하느님이 바로 여기 계시기 때문이다. 그러므로 '생명의 힘'은 어디에나 있다. 우리 인간들은 서로 떨어져 존재한다는 이야기를 만들어내고, 자기한테 없다고 생각되는 것을 찾아 나선다. 완벽함, 사랑, 진실, 정의, 그 모두가 자기 안에 있는데도 찾고 또 찾아다닌다. 모든 것이 여기에 있다. 그것을 볼 수 있는 마음의 눈을 뜨기만 하면 된다.

참 자기를 개선하려고 무언가를 할 필요는 없다. 우리에게 남은 일은 아름다운 이야기를 만들어 더 나은 삶을 누리는 것뿐이다. 어떻게 아름다운 이야기를 만들 것인가? 본연의 순수한 자신이 되면 된다. 주인공이 순수하면 상식과 사랑으로 이야기를 만드는 일은 조금도 어렵지 않다.

삶은 우리가 받은 가장 큰 선물이며, 삶이라는 예술은 더없이 위대한 예술이다. 어떻게 삶이라는 예술에 통달할 것인가? 수련이 장인匠人을 만든다. 머리로 배우는 게 아니라 행동으로, 실천으로 자신의 인생을 창조하라는 뜻이다. 예술가로서 사랑을 수련하고 또 수련하다 보면, 모든 행위가 사랑의 표현이 되는 순간이 반드시 오게 되어있다. 자신이 사랑의 예술에 마침내 통달했음을 언제 어떻게 알 수 있을까? 당신이 스스로에게 들려주는 이야기가 끊임없이 이어지는 로맨스일 때, 바로 그 순간이다.

◆ 자신의 이야기를 가장 잘 쓰는 길은 사랑으로 쓰는 것이다. 사랑은 본연의 참 자기한테서 곧장 오는 것이다.

◆ 자기존중이라는 합의를 받아들이면 무수한 자기심판이 사라지고, 대부분의 자기거부도 거기서 끝난다. 여전히 머릿속 목소리가 말은 하겠지만 대화는 상당히 개선되었을 것이다. 혼자 있을 때도 자주 웃고 있는 자신을 보게 된다.

◆ 자신의 존재를 즐길 때, 당신은 겉모습이 아니라 존재 자

체로 자신을 사랑하게 된다. 자신을 더 많이 사랑할수록 인생을 더 많이 즐기고 주변 사람들의 존재도 더 즐기게 된다.

◆ 먹고, 걷고, 말하고, 일하고, 놀이하는 모든 것이 사랑의 예전禮典으로 바뀐다. 이렇게 모든 일이 사랑의 예전이 될 때, 우리는 더 이상 생각하지 않고 다만 느낀다. 그냥 살아있다는 것만으로도 충분히 행복하다.

◆ 자신을 무조건적으로 사랑하면 사랑의 눈으로 모든 것을 보게 된다. 사랑에 관심이 집중되어있기 때문에, 자기 이야기의 다른 조연들에도 무조건적인 사랑을 느끼기 쉬워진다.

◆ 사랑을 아는 유일한 방법은 경험하는 것이다. 사랑의 바다에 용감하게 뛰어들어 그것을 온전히 감지하는 것이다. 사랑을 경험하고 나면, 그 느낌을 말로 설명할 수 없다. 하지만 모든 사람과 모든 사물과 모든 장소에서 사랑이 나오는 것을 보게 된다.

제11장

영靈의 눈 뜨기

주변에서 펼쳐지는
사랑의 현실

내가 진실과 마주한 또 한 번의 기회는 거의 죽을 번한 교통사고를 당했을 때였다. 그 경험을 말로 설명하기는 어렵다. 하지만 이 일로 그동안 내가 믿어온 것이 거짓이었다는 사실은 분명히 알게 되었다. 대부분 사람들과 마찬가지로 나는 내 마음이 곧 나고, 내가 몸을 가졌다고 생각했다. '내가 내 몸 안에 산다. 이건 내 집이다. 나는 이것을 만질 수 있다.' 그런데 거의 죽는 줄 알았던, 이른바 '임사체험'을 하면서 나는 운전석에 쓰러져있는 내 몸을 보았다. 몸 밖에서 내 몸을 보았으니, 마음도 몸도 내가 아니라는 사실이 분명해졌다. 그리고는 질문이 생겼다. '무엇'이 나인가?

죽음을 대면하던 바로 그 순간, 나는 다른 현실(reality)을 감지하게 되었다. 시야가 크게 확장되면서, 미래도 과거도 없고 오직 '영원한 지금'만 거기 있었다. 사방에 빛이 있고,

모든 것이 빛으로 충만했다. 내 눈길이 이 모든 다른 현실을 관통하는 게 느껴졌고, 그러다가 어느 순간 초점을 모아 한 번에 한 우주를 볼 수 있게 되었다. 나는 빛 속에 있었고, 그것은 순수한 앎으로 온전히 깨어있는 순간이었다. 문득 나는 빛이 모든 것에 대한 정보를 가지고 있고, 모든 것이 살아있음을 알았다. 감히 내가 하느님과 함께 있었다고, 지복 상태에 있었다고, 황홀경에 들었다고 말할 수 있다. 하지만 이렇게 말해봤자 이 또한 내가 알고 있는 인간의 언어일 따름이다.

그 사건 이후로 세계에 대한 나의 관점이 다시 한 번 바뀌었다. 이 몸이 내가 아니라는 것을 하나의 이론이 아닌 실제로 알았기 때문이다. 나는 사고 이전에 찾던 것들이 아닌 다른 것을 찾기 시작했다. 이전에는 인간의 완벽함을, 내 이야기의 주인공이 만족할 만한 이미지를 찾고 있었다. 그러나 사고 이후로 나는 그동안 찾아왔던 것이 내가 잃어버린 무엇, 바로 나 자신이었음을 알게 되었다.

몸 밖에서 내 몸을 본 경험의 충격에서 회복하는 데는 일
년 남짓 걸렸다. 그 사건 이후 나의 첫 번째 반응은 그 모든
일을 부정하려는 것이었다. '그건 사실이 아니야. 착각일 뿐
이야.' 나는 그것이 교통사고로 인한 과대망상이라고 생각
했다. 이런 생각을 정당화하려고 나는 온갖 이야기를 지어
냈고, 다른 사람들도 많이 그런다는 것을 알고 있었다. 그렇
게 그 경험을 잊고 여태 유지해온 평범한 이야기를 계속 이
어가려는 것이다. 하지만 내 안에서 누군가 말하고 있었다.
'아니, 그게 진짜야.' 다행히도 나는 이런 생각이 들었고, 질
문했다, '그날의 경험이 진짜고 이 삶에서 일어나는 다른 모
든 일들이 환영幻影이라면 어찌 되는 건가?'

사건 이후로 나는 같은 내가 아니었다. 내가 만든 나의
이야기를 믿을 수 없었기 때문이다. 나는 많은 답들이 필요
했다. 그래서 온갖 종류의 책을 읽으며 답을 찾으려 했다.
비슷한 경험을 한 사람들이 있었지만, 그들 가운데 누구도
자기한테 일어난 일을 제대로 설명하지 못하는 것 같았다.

나는 의과대학을 마치고 집으로 돌아가 할아버지께 그동안 있었던 일을 말씀드렸다. 할아버지가 웃으며 말씀하셨다, "인생은 네게 힘들여 진실을 깨치게 하는구나. 네가 너무 고집불통이라서 그런 일을 겪어야 했던 모양이다."

나는 할아버지한테 같은 경험을 한 번 더 하고 싶다고, 그래서 그게 과연 진짜인지를 알고 싶다고, 하지만 교통사고 같은 것 없이 그러고 싶다고 말했다. 할아버지가 이르셨다. "음, 그럴 수 있는 유일한 방법은 모든 것을 놔버리는 거야. 네가 교통사고로 죽던 순간에 그랬듯이. 죽으면 너는 모든 것을 잃어버리게 돼. 그렇게 이미 모든 것을 잃은 사람처럼 오늘하루를 산다면 다시 그 경험을 할 수 있을 거야." 그러고는 여러 지침을 일러주셨다. 나는 할아버지 말씀대로 해보았지만 결국 실패하고 말았다. 할아버지는 돌아가셨고, 나는 아직 그 가르침을 터득하지 못한 상태였다.

할아버지 다음으로 등장한 사람이 어머니였다. 어머니의 가르침은 조금 달랐다. "네가 그 경험을 다시 해볼 유일한 방법은 '꿈꾸기(dreaming)'를 마스터하는 거야. 그러려면 자신에 대한 믿음으로부터 완전 떨어져 나와야 해. 네가 만든 네 인생 이야기를 모두 놓아버리라는 거지. 그건 잠들기 직전의 순간과 같아. 온종일 너무 일을 많이 해서 더 이상 눈 뜨고 있을 수 없는 바로 그 순간, 모든 것으로부터 떨어져 나오게 되지. 잠이 쏟아지니까 네 인생 이야기 따위는 염두에 없는 거야. 잠들지 않고 깨어있으면서도 그렇게 될 때, 그걸 다시 경험할 수 있을 거다."

나는 어머니께 도움을 요청했고, 나를 사랑하셨던 어머니는 함께 꿈꾸기 수업에 참여할 스물한 명을 골라주셨다. 그 뒤로 3년 동안 우리는 매주 일요일 여덟에서 열두 시간 꿈꾸기 수업에 들어갔다. 스물한 명 가운데 한 사람도 일요일 그 시간을 빼먹지 않았다. 그중 여덟인가 아홉은 의사에 변호사고, 다른 사람들도 나름 사회에서 중요한 역할을 맡은 사람들이었다. 하지만 어머니 말에 따르면 제대로 꿈꾸기 수업을 한 사람은 셋이었는데 다행히 나도 그중 하나였다. 그렇게 꿈꾸기 수업을 한 지 1년쯤 지나서 나는 다시 한 번 생생하게 같은 경험을 할 수 있었다. 그랬다. 그 뒤로 2년 동안 계속된 꿈꾸기 수업은 내 인생에서 가장 중요한 경험의 연속이었다.

나는 황홀경에 들어갈 때마다 그 상태에 조금 더 오래 머무를 수 있었다. 하지만 며칠 뒤면 다시 옛날의 나로 돌아가고 말았다. 아, 나는 그 상태를 언제나 경험하고 싶었고, 그렇게 하기로 결심했다. 그게 아니면 인생을 달리 살 방법이 없었다. 석 달인가 넉 달 뒤에 나는 세 번째로 같은 경험을 할 수 있었다. 황홀한 순간도 좀더 길어졌다. 그러면서 갈수록 쉬워지더니, 마침내 그런 상태가 일상의 현실이 되었다.

처음에는 평소의 사회생활, 특히 병원의 의사 신분으로 돌아가는 게 어려웠다. 만사가 덧없게 느껴지긴 했지만, 어찌된 일인지 의사로서의 일은 전보다 잘할 수 있었다. 나는 동시에 두 현실을 보고 있는 것 같았다. 진짜 현실을 볼 수 있었고, 또한 사람이 만드는 이야기도 볼 수 있었다. 거짓말하는 나 자신을 보면서 동시에 거짓말하는 다른 사람들을 보는 것 자체가 상당한 충격이었다.

아무 판단도 하지 않았지만, 사람들이 저마다 자기 인생을 말도 안되는 이야기로 만들고 있다는 게 보였다. 그들은 드라마를 만들고, 그 때문에 아파했다. 별로 중요하지 않은 일로 다투며 화를 내기도 했다. 사람들은 거의 모든 것에 대해 이야기를 만들어내고 거짓말을 했다. 그러는 사람들을 보고 있자니 놀랍기도 하고 웃기기도 했다. 하지만 웃음을 참아야 했다. 사람들이 비웃음으로 받아들일 수도 있었기 때문이다. 사람들이 스스로 만든 자기 이야기를 볼 수 없었던 것은, 그것을 볼 눈이 멀어 있기 때문이었다.

사람들은 원하는 방식으로 살아갈 권리가 있다. 하지만 내가 겪은 것과 비슷한 경험을 했다면 이해할 것이다. 물론 많은 사람들이 비슷한 경험을 했겠지만, 두려움 때문에 그 경험을 부정하려고 한다. 나는 수련모임을 인도하면서 사람들이 지극한 사랑 속에서 많은 것을 이해하며 크게 감동하는 것을 여러 번 보았다. 하지만 사람들은 자신의 이야기 속에서 마음에 들지 않는 부분을 발견하면, 모든 경험을 부인하며 달아나곤 했다. 지금껏 중요하다고 생각해온 것이 진실과 부딪치면, 모든 것을 폄하하고 온갖 핑계를 대며 달아났다. 나는 이런 일이 다반사로 일어나는 걸 보았지만, 뭐 그래도 좋다. 그들이 감당할 수 있는 진실이 그만큼이니까.

나도 진실인 것과 진실 아닌 것 사이의 갈등을 극복하기까지 여러 해가 걸렸다. 그만큼 거짓말이 정교하고 단단하기 때문이다. 거짓을 믿고 싶은 유혹은 참으로 강했지만, 고통사고가 내게 다른 관점을 열어주었다. 그렇다, 이제 나는 알고 있다. 바로 지금 여기에 다른 현실이 있고, 그것은 우리가 평소 감지하는 빛과 소리의 현실보다 높은 차원의 현실이라는 것을! 많은 현실이 존재하지만, 우리는 자기가 눈길을 모으고 있는 현실만 감지하며 살고 있는 것이다.

내가 만든 이야기에 따르면, 내가 경험한 그 현실은 사랑의 현실(a reality of love)이다. 사랑 에너지는 태양에서 오는 빛과 같다. 햇빛은 수없이 다양한 색깔로 나뉘고, 빛을 반사하는 대상에 따라서 다른 색을 띤다. 그래서 우리가 온갖 다른 색, 다른 모양, 다른 형태를 보는 것이다. 내게는, 사랑의 현실에서도 같은 일이 일어나고 있다. 우리는 모든 대상에서 나오는 감정을 느낌으로 안다. 빛과 마찬가지로 사랑의 감정도 그것을 반사하는 대상에 따라서 달리 보인다. 하나의 감정이 지금 당신 코앞의 현실을 만들고 있다. 그런데 바로 같은 곳에 사랑의 현실도 존재한다. 물론 그것을 말로 표현하기는 거의 불가능하지만, 그래도 한번 시도해볼 가치는 있다고 본다.

내가 하는 말을 이해하려면 상상력을 활용해보기 바란다. 우리가 수천 년 세월 눈이 멀었다고 하자. 눈이 멀어서 빛이라는 게 있는지도 모른다. 하지만 남은 감각을 동원해 소리로 가상현실을 만든다. 박쥐처럼 소리의 반향反響을 통해 사물을 감지하는 것이다. 그렇게 모든 사물과 감정에 이름을 붙여준다. 언어를 만들고, 지식을 쌓고, 소리를 통해 대화한다. 이것이 우리의 현실, 소리로 이루어진 현실이다.

자, 이제 난생처음 눈을 떠서 빛을 감지하게 되었다. 갑자기 사물과 모양과 색채가 눈앞에 나타난다. 당신은 이 현실을 이해하지 못한다. 한번도 빛을 본 적이 없기 때문이다. 난생처음 꽃과 구름과 풀과 나비가 보인다. 비, 눈, 바다, 별, 달, 해가 보인다. 어쩌면 그것들을 별개의 사물로 인식하지 못할 수도 있다. 눈에 들어오는 것들이 생전 처음 보는 것이라 뭐가 뭔지 모르기 때문이다. 당신은 보이는 것들의 이름도 부를 수 없고, 이 경험을 설명할 단어도 없다. 이 빛의 우주를 설명하려면 소리의 우주를 사용해야 한다. 색깔을 소리에, 모양을 멜로디에 비유해 이렇게 말한다. "붉은 색은 강렬한 음吾 같은 것이고, 바다는 교향곡 같은 거야."

눈에 들어오는 것들에 대한 감정이 난생처음 너무나 다채롭고 아름답다. 감격에 벅차서 눈물이 나온다. 그 모든 아름다움이 감지되자 가슴이 활짝 열리고 깊은 데서 사랑이 솟구치기 시작한다. 그 감정을 표현하려고 당신은 말한다.

"너무나 행복하다. 황홀하다. 은총의 바다에 잠겨있다." 그러다가 눈을 감으면 다시 소리로 이루어진 현실만 감지하게 된다. 이제는 눈을 뜨고 싶어도 다시 뜰 수가 없다.

설명할 말이 없는데 어떻게 그 경험을 스스로에게 설명할 수 있겠는가? 색깔과 모양과 나비의 형태를 어떻게 설명하겠는가? 한 번도 빛을 보지 못한 사람들과 이 경험을 무슨 수로 나눈다는 말인가?

이제 우리는 왜 모세가 산에서 내려와 '약속의 땅'을 말했는지 이해할 수 있다. 달리 무엇을 말할 수 있었겠는가? 예수님이 광야에서 사십일 금식하시고 '하늘나라'를 말씀하셨을 때, 그분이 무엇을 뜻하셨는지 알겠다. 보리수나무 아래서 깨달음을 얻고 '니르바나nirvana'를 말씀하시던 부처님의 심정도 이해된다. 영靈의 눈을 뜨면 처음 입에서 나올 말은 이런 것이다. '나는 지금 하느님과 천사들과 함께 있다. 여기서는 모든 것이 너무나 아름답다. 하느님의 도성에는 오직 아름다움과 선함만이 존재한다. 두려움이나 고통은 있을 자리가 없다. 그냥 온통 아름다울 뿐이다.' 사람들은 당신이 달라졌다는 것을 알아본다. 뭔가 심오하고 진지한 사건이 일어났다는 것을 안다.

내 관점에서 경험한 현실은, 이 모든 것이 총체적으로 어우러진 끝없는 황홀경이다. 나 자신의 신화 속에서 진실의 현실, 사랑의 현실을 경험한 것이다. 사실 그것은 모든 사람이 속한 현실이지만 보이지 않을 뿐이다. 그것이 보이지 않는 까닭은 수천 년 동안 이어져 내려온 온갖 거짓말로 우리의 눈이 멀었기 때문이다. 내가 말하는 '영靈의 눈'을 뜨게 되면, 당신도 거짓 없는 진실을 감지하고 감정의 폭발을 경험할 것이다. 자신이 지어낸 이야기가 하나의 꿈이라는 것도 더 이상 이론에만 그치지 않을 것이다. 하늘나라는 진짜 나라다. 하지만 지금 당신이 알고 있는 이야기는 진짜가 아니다. 하나의 환영幻影이다.

진짜인 것은 너무나 아름다워서 말로 설명할 수가 없다. 하지만 존재한다. 정직한 감정의 투사로 이루어진 온전한 현실이 있고, 그 현실에서 참으로 존재하는 것은 자신의 사랑이라는 것을 알 수 있다. 나는 말을 배우기 전에 그 현실을 감지했다는 사실을 알고 있다. 지식의 목소리를 듣기 전에는 우리 모두 그 현실을 알았다. 당신이 존재한다는 것 자체가 믿을 수 없이 위대한 사건이다. 인간뿐만 아니라 모든 동물, 식물, 바위가 똑같다. 영靈의 눈을 뜨면, 생명의 단순함을 볼 수 있다. 우주에는 빈 공간이 없다. 모든 것이 생명으로 충만하기 때문이다. 그러나 생명은 눈으로 볼 수 없는 힘이다. 당신은 다만 생명의 결과, 생명이 움직이는 과정을 볼 수 있을 따름이다.

당신은 피어나는 꽃이나 철따라 색이 변하고 땅에 떨어지는 나뭇잎사귀를 본다. 아이들이 자라나고 사람이 늙어가는 것을 본다. 시간을 감지하지만, 그것은 물질을 관통해 지나가는 생명의 그림자일 뿐이다. 당신은 진정한 자신을 보지 못하지만, 몸에서 드러나는 생명의 표현을 본다. 움직이는 손을 보는 것은, 그렇게 자기를 나타내는 살아있는 존재

를 보는 것이다. 자기 목소리를 듣는 것은, 그렇게 자기를
나타내는 살아있는 존재를 듣는 것이다. 어려서는 작고 여
린 손을 보았는데, 어른이 되어서는 크고 굳어진 손을 본다.
이렇게 육체에서 온갖 변화를 볼 수 있지만, 그것을 보는 당
신은 여전히 같은 사람이다.

　진짜 당신이 무엇인지를 내 언어로 말해본다면, '세상의
모든 것을 변형시키는 생명의 힘'이다. 이 힘이 당신 몸의
모든 원자들을 움직이고 있다. 같은 힘이 온갖 생각을 만들
고 있다. 생명의 힘이 당신의 몸으로 자기를 표현하고 있다.
당신의 몸이 '살아있다'고 할 수 있는 것은, 생명의 힘이 당
신 몸의 모든 세포 속에 살아있기 때문이다. 그 힘은 깨어서
전체 현실을 자각하고 있다. 그리고 모든 것을 느낀다. 당신
몸은 지금 이 순간의 당신을 감지하고 있다. 당신 몸은 당신
을 느낄 수 있다. 그리고 당신 몸이 당신을 느낄 때 황홀경
으로 들어간다. 당신의 마음 또한 당신을 느낄 수 있다. 당
신 마음이 당신을 느낄 때, 생각으로 닿을 수 없는 강렬한

사랑과 연민을 경험한다.

내가 아는 나의 몸은 생명이 자기를 보는 거울이다. 나는 내 몸을 생명의 진화로 본다. 생명은 진화하고, 물질을 움직이고, 창조한다. 인류의 진화는 아직 끝나지 않았다. 지금 이 순간에도 당신 몸에서 일어나고 있다. 그 힘이 당신의 진화를 돕고 있다. 그 힘으로 당신은 인식하고 분석하고 꿈꾸며, 감지하는 모든 것으로 이야기를 만들 수 있다.

생명의 힘은 하느님이 매순간 모든 것을 창조하시는 데 쓰는 힘이다. 사람, 개, 고양이, 나무 사이에는 다른 것이 전혀 없다. 모두 같은 생명의 힘으로 움직인다. 내 눈에는 내가 바로 그 힘이다. 고맙게도 내가 살아있어서 이야기도 지어내고, 온갖 경험도 하는 것이다. 참 놀라운 일이다. 내가 있어서, 감정이 생겨난다. 내가 있어서, 지식도 얻고 말도 한다. 내가 있어서, 이야기도 만들어낸다. 나를 생각하게 하고 내 이야기를 들려주게 하는 그 힘이, 당신에게 이 글을 읽게 하고 이해하게 하는 것이다. 여기에는 아무 차이가 없으며, 바로 지금도 우리 앞에서 일어나고 있는 일이다.

나는 늙어가는 나를 보고 있으며, 언젠가는 이 몸을 떠나게 되리라는 것도 알고 있다. 내가 이 몸을 떠나면 육신은 흙으로 돌아가지만, 생명은 소멸하지 않는다. 생명은 영원하다. 내가 진실을 보았을 때, 존재하는 유일한 힘인 생명이 우주의 모든 것을 통해 저를 표현한다는 사실이 너무나 분명해졌다. 그 힘은 결코 죽지 않는다. 우리는 생명이다. 그리고 생명은 영원불멸이다. 우리는 파멸하지 않는다. 이는 더없이 좋은 소식이다.

일단 영靈의 눈을 뜨면, 인생이 꿈같은 것임을 깨닫고, 그동안 별것 아닌 일들로 공허한 드라마를 만드는 데 얼마나 많은 세월을 허송했는지 알게 된다. 사랑의 현실, 기쁨의 현실을 즐기지 못하도록 스스로 자기를 묶어놓았다는 사실도 알게 된다.

자신이 믿는 것에 사로잡혀 있는 한, 다른 현실을 인식할 수 없다. 지식의 목소리에 관심이 쏠리면 자신이 알고 있다고 생각하는 것만 보일 따름이다. 있는 그대로의 현실이 아니라 보고 싶은 현실만 보게 된다. 누군가 건네 오는 사랑의 음성이 아니라 자신이 듣고 싶은 음성만 듣게 된다. 자기가 믿는 것, 자기가 아는 것, 자기가 생각하는 것만 받아들인다. 자신의 이야기만 상관한다는 뜻이다. 그리고 그 이야기가 곧 자신이라고 생각한다. 정말 그런가? 당신은 몸도 아니고 자신의 이야기도 아니다. 그 이야기는 당신이 만든 것이고, 믿거나 말거나 그 몸도 당신이 만든 것이다. 그것들을 존재하게 하고 움직이게 하는 생명의 힘이 진짜 당신이기 때문이다.

　우리 모두는 '오직 하나인 살아있는 존재(only one living being)'이며 같은 곳에서 왔다. 우리들 사이에는 다른 것이 하나도 없다. 우리는 같은 존재다. 가만히 손을 보면 다섯 손가락이 보일 것이다. 하나씩 보면 손가락이 서로 달라 보이겠지만, 사실은 한 손이다. 인간도 마찬가지다. 오직 하나인 살아있는 존재가 있을 뿐이며, 바로 그 존재의 힘이 우리

각자를 손가락처럼 움직이는 것이다. 하지만 손가락은 전부
같은 손에 달려있다. 사람들도 같은 영(靈)을 나누어 가진다.
우리 모두 같은 영혼을 가지고 있다. 당신과 나 사이에는 아
무 다름이 없다. 나는 내가 당신이라는 사실을 조금도 의심
하지 않는다. 내가 그렇게 볼 수 있기 때문이다.

　당신 이야기의 배후에는 참 당신이 있고, 그 안에는 사랑
이 가득하다. 온갖 선(善)이 바로 거기에 있다. 선(善)이 곧 당신
이기 때문이다. 선해지려고 애쓸 것이 없다. 자신이 아닌 존
재로 살지만 않으면 된다. 당신은 하느님과 하나다. 애쓸 것
없이 본디 그렇다. 하느님은 여기 계시고, 당신은 그분의 임
재를 느낄 수 있다. 물론 느끼지 못할 수도 있지만, 그렇다
면 자신의 이야기로부터 벗어나야 한다. 바로 그 이야기가
당신과 하느님 사이를 유일하게 가로막는 것이기 때문이다.

　참 자기를 발견했다고 해도 그것을 설명하지는 못한다.
그럴 언어가 없기 때문이다. 당신이 아는 지식으로는 결코
참 자기를 알 수 없다. 그러나 자신이 거기 있음을 알 수는

있다. 당신이 진짜로 존재하기 때문이다. 당신은 살아있으며, 자기 존재를 증명할 필요가 없다. 당신의 이야기에 담겨 있는 가장 큰 신비는 바로 당신 자신이다.

◆ 바로 지금 여기에 다른 현실이 있다. 그것은 우리가 평소 감지하는 빛과 소리의 현실보다 차원이 높은 현실이다. 이 현실에서 우리는 모든 사물로부터 오는 감정의 반영을 감지할 수 있다. 이 현실에서 참으로 존재하는 것은 우리의 사랑이다.

◆ 진실의 현실, 사랑의 현실은 우리 모두가 속한 현실이다. 지식의 목소리를 알기 전에는 우리 모두 이 현실을 알았다. 지금 우리는 그것을 보지 못한다. 수천 년 동안 이어져온 거짓말로 우리의 눈이 멀었기 때문이다.

◆ 사랑 에너지는 태양에서 오는 빛과 같다. 햇빛이 그렇듯이, 사랑의 감정은 사랑을 반사하는 대상에 따라서 달리 보인다.

◆ 당신이 영靈의 눈을 뜨면 거짓이 없는 '무엇'을 감지하게 된다. 당신 이야기가 하나의 꿈에 불과하다는 사실은 더 이상 이론이 아니다. 하늘나라는 진실이다. 당신이 지금 여기서 알고 있는 이야기는 진실이 아니라 환영幻影이다.

◆ 생명은 눈으로 볼 수 없는 힘이다. 당신은 다만 생명의 결과, 움직이는 생명의 과정만 볼 수 있다. 당신은 참 자기를 보지 못한다. 그러나 생명이 자기를 표현하는 자신의 몸은 볼 수 있다. 당신은 시간을 감지한다. 하지만 그것도 당신을 통과하는 생명의 그림자일 뿐이다.

◆ 당신은 말할 수 없이 장엄한 존재다. 당신은 생명이다. 당신뿐만 아니라 모든 동물, 식물, 바위가 생명이다. 모든 것이 생

명으로 충만하기 때문이다. 우리 모두 '하나인 살아있는 존재'

다. 그리고 우리 모두 같은 곳에서 왔다.

제12장

생명의 나무

옹글게 한 바퀴
돌아온 사람

나는 모든 사람이 저마다 전해야 할 메시지가 있는 천사
라고 믿는다. 나는 천사다. 지금 나는 당신에게 메시지를 전
하고 있다. 당신도 천사다. 어쩌면 모를 수도 있겠지만, 그
래도 천사다. 사람들은 언제 어디서나 자기 생각을 나누고,
자기 메시지를 전하고 있다. 그렇지 않은가? 우리는 자기가
아는 것을 아이들에게 가르친다. 세상에서 무엇이 옳고 그
른지, 무엇이 좋고 나쁜지, 이런 씨앗들을 아이들의 작은 머
릿속에 심어준다. 우리는 지금 어떤 메시지를 아이들에게
전해주고 있는가? 말로 전하는가? 행동으로 전하는가? 사
실 행동으로 전하고 있다. 입으로 거짓을 말하면서 진실을
전할 수 있겠는가?

세상에는 진실을 전하는 천사와 거짓을 전하는 천사가
있다. 우리는 어떤 천사인가? 어떤 메시지를 전하고 있는

가? 지식의 목소리를 듣기 전 낙원에 살았을 때, 우리는 진실을 전하는 천사였다. '지식나무'의 열매를 먹고 추락한 천사가 그것을 우리 마음속에 옮겨 심었을 때, 우리는 추락한 천사가 되었다. 거짓말을 하는 우리는 추락한 천사다. 그러면서 자신이 지금 거짓말하는 줄도 모르고 있다.

추락한 천사의 목소리는 무척 크다. 그래서 내가 '영(靈)의 목소리, 인간 본연의 목소리, 사랑의 목소리'라고 말하는 침묵의 소리가 들리지 않는다. 침묵의 소리는 언제나 존재한다. 말을 배우기 전, 한두 살 젖먹이 때 우리는 그 목소리를 들었다.

나는 어려서 월트디즈니의 만화 〈도널드 덕(Donald Duck)〉을 자주 보았다. 도널드 덕의 머리 한쪽에는 천사가 있고 다른 한쪽에는 악마가 있는데, 그 둘이 함께 말을 한다. 그렇다, 이건 진짜다. 이야기꾼이 그 작은 악마다. 어째서 당신이 별 볼 일 없는지, 어째서 사랑받을 자격이 없는지, 어째서 믿을 수 없는지, 어째서 위대하거나 아름답거나 완전하지 못한지 끊임없이 말해준다. 그 목소리에 힘이 있는 이유는 당신이 그에게 그 힘을 주었기 때문이다.

지식의 목소리는 시끄럽고 침묵할 줄 모른다. 영靈의 목소리는 고요하다. 구태여 당신에게 말을 할 필요가 없기 때문이다. 당신의 몸은 완벽해지는 법을 따로 배울 필요가 없다. 처음부터 완벽하기 때문이다. 태어날 때 당신은 자신이 무엇인지 모른다. 하지만 당신의 몸은 안다. 그리고 그 앎을 말로 설명할 필요가 없다. 간이 제대로 기능하는 법을 배우러 학교에 갈 필요가 없듯이, 당신 몸은 무엇을 어떻게 해야 하는지 그냥 안다.

당신이 그냥 아는 것들이 많다. 여성이라면 어떻게 여성이 되는지, 어떻게 임신하는지, 또 어떻게 아이를 낳는지를 배우지 않아도 된다. 원래 당신은 당신이다. 어떻게 당신 자신이 되는지를 배울 필요가 없다. 이것이 말없는 지식이다. 그냥 아는 것이다. 눈을 감으면 이 말없는 지식이 느껴질 것이다. 숨 쉴 때마다 이 말없는 지식을 느낄 수 있다.

당신은 천사다. 그리고 당신의 삶은 메시지다. 그렇다면 어떤 천사가 되고 싶은가? 두 주인을 섬길 수는 없다. 사람이 거짓말과 참말을 동시에 할 수는 없는 일이다. 그것이 이치 아닌가?

오랜 세월 지식은 엄청난 폭군으로 내 인생을 지배했다. 나는 한때 지식의 노예였지만, 이제는 지식이 나를 다스리지 못한다. 그것이 힘을 쓰지 못하는 이유는 내가 저를 믿지 않기 때문이다. 사람들이 왜 나를 좋아하지 않는지, 왜 내가 그럴만한 사람이 못되는지, 왜 내가 완벽하지 못한지를 끊임없이 머릿속에서 말하는 목소리를 나는 더 이상 용납하지 않는다. 지금 나에게 지식은 주머니 속에 있는 소통의 도구일 뿐이다. 지식 덕분에 나는 당신에게 말할 수 있고, 당신은 내 말을 알아들을 수 있다. 지식을 통한 소통, 이것이 바로 지금 내가 하고 있는 일이다. 지금 당신에게 말하는 모든 것이 내 예술의 표현이다. 피카소가 물감을 써서 초상화를 그리는 것처럼, 나는 지식을 써서 내가 보고 느끼는 것을 표현한다.

수천 년 전에 이미 사람들은 지식이 거짓말로 오염되었음을 깨달았다. 우리가 자신의 지식에서 모든 거짓을 씻어내면 곧장 잃어버린 낙원으로 돌아갈 것이다. 진실과 사랑으로 돌아가 하느님과 재회할 것이다. 이제 우리는 아담과 하와 이야기가 단순한 우화가 아니라, 톨텍과 같은 것을 발견한 어느 스승이 만든 상징이라는 것을 안다. 이 이야기를 만든 사람은 분명 진실을 알았다. 그래서 그토록 아름다운 상징을 이야기로 표현할 수 있었던 것이다.

그렇다. 태초의 '지식나무' 속에 살던 추락한 천사는 모든 사람 속에서 되살아나 아직도 인간의 삶을 지배하고 있다. 우리는 포로로 잡혀있다. 하지만 겁낼 것 없다. 악마가 아무리 대단해도 거짓말일 뿐이고, 그 거짓말은 아직 우리를 소멸시키지 못했다. 딴에는 최선을 다했겠지만 실패하고 말았다. 우리가 저 추락한 천사보다 강력하기 때문이다. 하나뿐인 살아있는 존재, 이게 우리다. 우리는 오랜 세월 이 세상에서 살아왔고, 살고 있으며, 살아갈 것이다.

　아담과 하와는 죽지 않았다. 그들은 여기 있다. 우리가 여기 있기 때문이다. 당신이 아담이고 하와다. 지금 우리는 우리가 왔던 그곳, 사랑과 진실의 장소, 낙원으로 돌아가려고 애쓰는 중이다. 당신은 그곳이 존재한다는 사실을 안다. 기억 속에 남아있기 때문이다. 처음 태어났을 때 당신은 거기 있었다. 한두 살 젖먹이였을 때도 벌거숭이 육신으로 거기 있었다.

　세계 여러 종교전통의 예언자들이 우리 모두 같은 사랑의 땅으로 돌아가는 중이라고 말한다. 어떤 이는 거기를 '하느님 나라'라 부르고, 어떤 이는 '니르바나' 혹은 '약속된 땅'이라고 부른다. 톨텍은 거기를 '두 번째 꿈'이라고 부른다. 저마다 부르는 이름은 달라도 '사랑과 진실의 세상'이라는 내용은 같다. 거기는 우리의 모든 가슴이 하나로 통일되는 곳이다. 또한 생명과의 재결합이다. 우리 모두가 오직 하나뿐인 살아있는 존재의 표현이기 때문이다.

톨텍은 언젠가 상식이 인류의 꿈을 지배할 것이라고 말한다. 그날이 오면 모든 사물, 모든 사람이 완벽하다는 것을 알게 될 것이다. 무슨 일이 일어날는지 알고 있는 예언자들의 꿈이 이루어지려면 시간이 필요할 것이다. 그들이 사랑과 진실의 세상을 말할 수 있었던 것은 자신들이 그렇게 살아왔고, 우리 모두가 똑같다는 것을 알았기 때문이다. 한 사람이 그 경지에 이르렀다면 누구든 같은 곳에 이를 수 있다. 물론 파멸과 두려움을 말하는 예언자들도 있지만, 나는 인류가 옳은 방향으로 나아가고 있음을 믿는다. 다만 수십억이나 되는 인류 전체가 달라지려면 엄청난 노력이 필요하다는 과제는 있다. 그러나 불가능한 일은 아니다.

모든 것이 바뀌고 있으며 계속해서 바뀔 것이다. 시간문제일 뿐이다. 지난 세기에 우리는 과학과 기술에서 급격한 변화를 목격했다. 심리학은 좀 뒤처졌지만 곧 따라잡을 것이다. 오늘 우리가 사는 세상은 사오십 년 전의 세상과는 판이하게 다르다. 팔백 년 전과 견주면 오늘날은 거짓말이 훨

씬 적다. 인간이 진화하는 것을 보면 머잖아 우리가 낙원을
회복하리라는 믿음을 뿌리칠 수가 없다.

아침에 일어났는데 중세 유럽에 있다고 상상해보라. 온
갖 미신으로 고통 받는 사람들이 보일 것이다. 자기가 믿는
거짓말 때문에 끝없는 두려움 속에 살고 있는 사람들이다.
그들처럼 살 수 있겠는가? 아닐 것이다. 당신이 여성이라면
지금 당연히 여기는 것들을 그들에게 말해줄 수 있겠는가?
그들에게는 그것이 맞지 않다는 사실을 곧 알게 될 것이다.
당신 눈에는 그들이야말로 악몽을 꾸고 있는 것이리라. 당
신은 그들에게 더 이상 고통 받지 않아도 된다고, 속지 말라
고, 당신들도 사람이라고, 당신들도 영혼이 있고 행복해질
권리가 있다고, 자기 자신을 표현할 자유가 있다고 일러주
고 싶을 것이다.

이런 생각을 말하면 그들은 당신을 어떻게 볼 것 같은
가? 아마도 틀림없이 당신이 귀신 들렸다고, 그래서 악마가
당신 입으로 말한다고 생각할 것이다. 그런 세상에서 얼마

나 오래 버틸 것 같은가? 얼마 못갈 것이다. 그들이 당신을
화형火刑에 처할 테니까. 오늘날 우리가 사는 세상을 지옥이
라 생각한다면, 그 사회는 진짜 지옥이라고 하겠다. 우리 눈
에는 당시의 사회, 도덕, 종교적 규범들이 터무니없는 거짓
위에 세워진 것들이지만, 그들에게는 그게 당연한 현실이
었다.

어쩌면 당신 자신에 대해 믿고 있는 거짓말이 당신에게
자기 정체를 드러내지는 않았을지도 모른다. 하지만 그 믿
음의 결과는 볼 수 있다. 무엇이 그 결과인가? 지금 당신이
살고 있는 모습, 그것이 결과다. 진실을 믿으면 그 결과는
행복과 사랑, 그리고 선善이다. 자기 자신과 다른 모든 것에
대해 만족스럽고 기분이 좋다. 당신이 행복하지 않다면, 그
것은 거짓을 믿기 때문이다. 이것이 모든 인간 고통의 근원
이다. 우리의 모든 고통이 거짓말을 믿는 데서 오는 것이다.

우리는 어떻게 어머니 지구에서 벌어지는 온갖 불의, 전
쟁, 파괴를 멈출 수 있을까? 그렇다, 거짓말을 믿지 않으면

된다. 듣기로는 참 간단하다. 그러나 한 국가나 전체 인류의 복잡하고 견고한 믿음 체계를 바꾼다는 게 얼마나 어려운 일인지 우리는 알고 있다. 사람들은 자신의 거짓 체계가 무너지는 것을 원치 않는다. 자기 마음을 스스로 다스리지 못하기 때문이다. 그렇다면 무엇이 인간의 마음을 다스리고 있는가? 거짓이다. 거짓이 인류를 완전히 지배하고 있다. 이는 모든 신비주의 학파에서 일정 수준에 도달하면 배우는 내용이다. 아주 단순하지만, 신비주의 학파에서 가장 높은 수준의 가르침 중 하나다.

거짓이야말로 진정한 적敵이다. 이것은 대부분의 종교전통에서 일급비밀이었다. 이 비밀을 아는 자가 다른 사람들을 다스리고, 그 힘을 악용할 수 있다고 믿었기 때문이다. 그건 핑계였지만, 나는 아마도 진실을 아는 사람들이 그 진실을 나누기 주저했을 거라고 생각한다. 왜냐고? 거짓말을 철석같이 믿는 사람들이 진실을 겁내며 그들을 가만두지 않았을 테니까. 실제로 이런 일이 세계 도처에서 벌어져온 것이 우리의 현실이다.

그렇다면 어떻게 잃어버린 낙원을 되찾을 것인가? 답은 간단하다. 진실이 우리를 자유롭게 해줄 것이다. 이것이 우리를 하늘나라로 돌아가게 해주는 열쇠다. 당신이 '자신의' 진실을 되찾을 때, 기적이 일어난다. 영靈의 눈을 뜨고 하늘나라로 돌아가는 것이다. 하늘나라는 사랑으로 이루어진 더없이 아름다운 이야기인데, 누가 하늘나라를 만든다고 보는가? 바로 우리가 우리 자신의 하늘나라를 만드는 것이다. 하늘나라는 하나의 이야기다. 생명인 우리가 꾸는 꿈이다. 하지만 생명이 하늘나라를 창조하려면 이야기의 주인공이 생명에 굴복하고, 거짓 없이 생명이 드러나게 허용해야 한다.

하늘나라는 여기 있으며, 모두가 그리로 갈 수 있다. 낙원은 여기 있지만, 그것을 알아볼 눈이 있어야 한다. 이것이 바로 예수, 부처, 모세, 크리슈나 그리고 자기 마음속에서 하늘나라를 이루었던 세상 모든 성인들이 오래전 우리에게 약속한 것이다. 그들은 입을 모아서 이 모두가 당신한테 달려있다고 말한다. 그들이 할 수 있으면 당신도 할 수 있고, 당신이 할 수 있으면 모두가 할 수 있다.

진실이 우리를 자유롭게 해줄 것이다. 그러나 거짓은 우리를 이 현실에 계속 가두어놓는다. 인간이 언제부터 이를 깨달았는지는 모르겠지만, 이것은 너무나 간단해서 아무도 받아들이려 하지 않는다. 사람들은 이보다 더 복잡한 무엇을 원한다. 이야기꾼이 그런 식으로 우리를 세뇌했기 때문이다. 그리스도교 신비주의자들, 이집트 사람들, 그리고 톨텍은 이 사실을 알았다. 하지만 말로 전하기는 무척 어려웠다. 그래서 만들어낸 것이 아담과 하와 이야기 같은 전설이다.

그러고 보니 아담과 하와 이야기의 나머지 절반이 떠오른다. '낙원'에는 또 다른 나무가 있는데, 바로 '생명나무(the Tree of Life)' 또는 '진실나무(the Tree of Truth)'다. 전설은 '생명나무' 곧 '진실나무'의 열매를 먹는 사람은 '낙원'에서 영원히 살 것이라고 말한다. 생명은 곧 영원한 진실이기 때문이다. '생명나무' 열매는 생명 또는 하느님으로부터 직접 오는 메시지다. 생명이 유일한 진실이며, 언제든 모든 것을 창조하는 힘이다. 자기 안에 있는 그 힘을 알아보고 믿으면, 그때 당신은 참으로 살아있는 것이다.

이제 우리는 예수님이 "내가 생명이다. 오직 나를 통해서만 너희는 하늘나라에 들 것이다."라고 하신 말씀을 이해하게 되었다. 여기서 그분이 말씀하신 '나'는 개인 예수가 아니라 '생명나무'를 가리키신 것이다. 그 뜻은 이렇다. "나는 '생명나무'다. 누구든지 내 열매를 먹는 사람은 나와 함께 하늘나라에 살 것이다. 하늘나라는 모든 사람이 왕인 나라다."

우리가 여기서 말하는 게 바로 이것 아닌가? 당신은 자신의 현실에서 왕이며, 당신 인생이라는 꿈에 대한 책임이 있다. 예수님도 말씀하셨다. "하늘나라는 네가 신부고 하느님 또는 진실이 신랑인 혼인잔치와 같다. 너는 영원한 신혼 생활을 하게 될 것이다." 아름다운 약속 아닌가?

진실은 말로 설명할 수 없기에, 예수님은 모든 사람이 이해할 수 있는 개념을 사용하셨다. 그래서 앞서 말한 현실을 신혼생활에 견주신다. 진실과 결혼하면 영원한 신혼생활을 하게 된다. 신혼시절에는 인생의 모든 것이 사랑을 중심으로 돌아간다. 사랑하게 되면 모든 것을 사랑의 눈으로 본다. 언제 어디서나 사랑을 하면 모든 것이 경이롭고 아름답다. 그렇게 하늘나라를 사는 것이다.

이제 우리는 용서와 사랑과 하늘나라를 말씀하신 예수님의 뜻을 이해하게 되었다. 그분이 이르셨다. "아이들이 내게 오는 것을 막지 마라. 아이들 같은 사람이라야 하늘나라에 들어간다." 지식을 갖추기 전 아직 어린아이일 때, 그러니까 거짓말을 듣고 믿기 전의 당신은 하늘나라에 산다. 당신이 추락하는 것은 순진하기 때문이다. 낙원을 되찾을 때도 당신은 어린아이와 같다. 하지만 큰 차이가 있다. 당신은 더이상 순진하지 않으며, 지혜롭다. 이것이 당신을 불멸의 존재로 만든다. 당신은 두 번 추락하지 못한다.

마침내 생명나무 열매를 먹을 때, 당신은 지혜로워진

다고 할 수 있다. 그 나무의 열매를 먹는 것은 계몽啓蒙
(illumination)을 상징한다. 당신이 빛으로 변하는 것이 계몽
이다. 하지만 이것은 말로 설명할 수 없는 특별한 경험이
다. 그래서 그 의미를 파악하려고 신화와 상상력이 동원되
는 것이다. 무엇을 진짜로 알려면 그것을 경험해야 한다. 거
기에 머물러야 한다. 진실이 참 당신이다. 그것이 당신의 본
연이다. 아무도 당신을 그리로 데려갈 수 없다. 오직 당신만
자신을 그리로 데려갈 수 있다.

당신은 자신의 이야기를 바꿀 수 있다. 다만 그 이야기의
주인공인 당신한테서부터 시작해야 한다. 거짓말, 두려움,
파멸을 전하는 메신저에서 진실, 사랑, 창조를 전하는 메신
저로 스스로를 변화시킬 수 있다. 진실로 되돌아오면 세상
에서 자신을 표현하기가 훨씬 더 쉬워진다. 사람들과의 소
통이 나아진다. 당신의 창조 작업이 훨씬 더 힘 있어진다.
모든 방면에서 인생이 더욱 좋아진다.

세상을 바꾸려고 애쓸 필요가 없다. 필요한 것은 당신의

변화다. 그 일을 당신의 방식으로 해야 한다. 당신만이 자기 자신을 알 수 있기 때문이다. 적어도 지금은 당신이 세상을 바꿀 수 없다는 것이 분명하다. 세상은 아직 진실을 받아들일 준비가 되어있지 않기 때문이다. 당신이 바꿀 수 있는 건 오로지 자신뿐이지만, 그것은 아주 큰 발걸음이다. 진실을 향해 돌아서는 것만으로도 다른 모두를 위해 아주 큰 발걸음을 내딛는 것이다.

하늘나라 문은 언제나 열려있으며, 당신을 기다리고 있다. 당신이 그리로 들어가지 않는다면 스스로 그럴 자격이 없다고 믿기 때문이다. 진실, 기쁨, 사랑의 나라에 살 자격이 없다고 생각하는 것이다. 이것은 거짓말이지만 만일 그렇게 믿는다면, 거짓이 당신의 이야기를 지배하고 결국 당신은 하늘나라 문을 통과하지 못한다.

진실은 이야기 속에 있는 것이 아니라, 이야기를 만드는 힘 속에 있다. 생명이 그 힘이다. 그것이 하느님이다. 나는 오래전에 이 사실을 발견했다. 당신도 이것을 이해하면 좋겠다. 정말로 이해하려면 머리(mind)를 끄덕이며 '맞아, 그렇지, 옳은 말씀이야.' 하는 것으로는 부족하다. 정말 가슴(heart)으로 알아야 한다. 이것을 가슴으로 받아들여야 삶이 송두리째 달라질 수 있기 때문이다. 머리로만 수긍하지 말고, 가슴으로 느껴보라. 느낌에 집중하라. 그 순간 본연의 당신이 자신에게 하는 말이 들려올 것이다. 진실인 것이 진실이다. 당신의 가장 힘 있는 부분이 진실을 감지할 수 있다. 자신의 가슴을 믿으라.

이야기꾼이 마침내 진실만을 말할 때, 그때 당신의 삶은 그대로 위대한 예술작품이 될 것이다. 지식의 목소리가 자기 본연의 목소리로 바뀔 때, 당신은 진실로 돌아가고, 하늘나라로 돌아가고, 사랑으로 돌아가고, 순환은 끝이 난다. 이렇게 되면 더 이상 자신의 이야기꾼이나 다른 사람의 이야기꾼을 믿지 않게 된다. 물론 이것은 내 이야기고, 당신도 내 이야기를 믿을 필요는 없다. 믿고 안 믿고는 당신한테 달렸지만, 이것이 내가 세상을 보는 방식이다.

무한無限을 감지하던 순간, 나는 하나뿐인 살아있는 존재가 우주에 홀로 있음을 알았다. 그 하나뿐인 살아있는 존재가 하느님이다. 모든 사물과 모든 사람이 오직 하나뿐인 살아있는 존재의 표현이기에, 모든 사물과 모든 사람이 근원으로 돌아갈 것이다.

더 이상 두려워할 것이 없다. 죽음도 겁낼 것 없다. 세상에 오직 하나인 힘이 존재할 뿐이고, 죽으면 모두 같은 곳으로 돌아간다. 원치 않더라도, 저항을 하더라도, 결국은 모두들 그리로 갈 것이다. 달리 갈 데가 없기 때문이다. 이것은 모두에게 더없이 좋은 소식이다. 죽어서 심판받을까봐 두려워하지 않아도 된다. 죽는 그 순간, 나는 하느님께로 돌아간다. 당신도 하느님께로 돌아간다. 모두가 하느님께로 돌아간다. 그게 끝이다. 그리고 이것은 하느님 보시기에 충분히 선하게 살았느냐 아니냐하고도 상관없다. 하느님은 우리가 충분히 선해서 사랑하시는 게 아니다. 하느님은 우리를 그냥 사랑하신다.

우리 인생은 하나의 이야기, 하나의 꿈이다. 하늘나라는 우리 마음속에 있다. 우리가 본연의 자기로 돌아가 사랑과 진실로 살기를 선택하면 거기가 하늘나라다. 우리 삶이 두려움과 거짓에 지배 받을 이유가 없다. 자신의 이야기를 다시 지휘할 권한을 회복하면, 영의 예술가로서 인생을 가능한 아름답고 참되게 창조할 자유를 얻게 된다. 모든 사람이 진실이신 하느님께로 돌아간다는 사실을 알게 되면, 그동안 믿어온 모든 거짓말이 우스운 농담이 되고 만다. 우리 이야기 속에 들어있는 거짓말은 중요치 않다. 중요한 것은 이 현실에서 우리의 시간을 즐기는 것, 살아있는 동안 행복을 누리는 것이다.

이제 당신에게 묻겠다. 자신의 이야기로 무엇을 할 참인가? 나의 선택은 진실과 사랑으로 내 이야기를 써나가는 것이다. 당신의 선택은 무엇인가?

◆ 추락한 천사의 목소리는 너무 시끄러워서, 우리의 영靈, 본연의 우리, 우리의 사랑이 하는 말이 들리지 않는다. 이 침묵의 목소리는 언제나 거기에 있다. 우리가 말을 배우기 전, 한두 살 젖먹이 시절에는 그 목소리를 들으며 살았다.

◆ 처음 태어날 때는 자신이 무엇인지 모른다. 하지만 몸은 자신이 무엇인지, 무엇을 어떻게 해야 하는지 알고 있다. 이것이 말없는 앎이다. 당신은 숨 쉴 때마다 말없는 앎을 느낄 수 있다.

◆ 당신은 천사다. 그리고 당신의 삶은 당신의 메시지다. 당신은 거짓말, 두려움, 파멸을 전하는 메신저일 수도 있고, 진실, 사랑, 창조를 전하는 메신저일 수도 있다. 하지만 참말과 거짓말을 한꺼번에 할 수는 없다.

◆ 하늘나라는 우리가 생명에 굴복하고, 생명이 거짓 없이 자기를 드러내도록 허용할 때 창조할 수 있는 이야기다. 하늘나라는 여기 있으며, 누구든지 들어갈 수 있다. 그러려면 그것을 알아보는 눈이 있어야 한다.

◆ 생명나무의 열매는 생명이다. 진실이다. 생명만이 홀로 진실이다. 모든 이야기를 만들어내는 힘이다. 자기 안에 있는 이 힘을 보고, 이 힘을 믿는다면 참으로 살아있는 것이다.

◆ 진실은 이야기 속에 없다. 이야기를 만드는 힘 속에 있다. 진실이 참 당신, 본연의 당신이다. 누구도 당신을 그리로 데려가지 못한다. 당신 자신만 그렇게 할 수 있다.

◆ 지식의 목소리가 자기 본연의 목소리가 될 때, 당신은 진실로 돌아가고, 사랑으로 돌아가고, 하늘나라로 돌아가 영원한 행복을 누리며 살게 된다.

기도

잠시 눈 감고 가슴을 열어 자신을 에워싸고 있는 사랑을 느껴보기 바랍니다. 우리 모두의 창조주이신 하느님과 통교하는 나의 특별한 기도에 당신을 초대합니다.

폐에 집중해보세요. 세상에 폐만 존재하는 것처럼. 숨을 깊이 들이쉬며 폐가 공기로 채워지는 것을 느껴보세요. 공기와 폐 사이를 이어주는 사랑에 주목해보세요. 사람 몸에 무엇보다 절실하게 필요한 호흡을 하려고 폐가 부풀어 오르는 고마움과 쾌감을 느껴보세요. 다시 한 번 숨을 들이쉬고 내쉬며 느껴보세요.

숨을 쉰다는 사실 하나만으로도 우리는 삶의 즐거움을 맛볼 수 있습니다. 살아있다는 즐거움과 사랑의 기쁨을 온몸으로 느껴보세요.

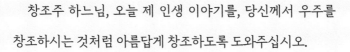

　창조주 하느님, 오늘 제 인생 이야기를, 당신께서 우주를 창조하시는 것처럼 아름답게 창조하도록 도와주십시오.

　이제부터 진실에 대한, 본연의 저한테서 나오는 침묵의 목소리에 대한 믿음을 회복하게 도와주십시오. 하느님, 부디 저의 말과 행동을 통해 오직 당신만을 나타내주십시오. 살면서 하는 모든 말과 행동을 사랑과 진실의 예전禮典으로 삼게 저를 도와주십시오. 당신이 지으신 세계에 관해 더없이 아름다운 이야기를 사랑으로 짓게 해주십시오.

　하느님, 선물로 주신 삶에 대한 고마움으로 오늘 제 가슴이 충만합니다. 당신 홀로 온전함을 창조하신다는 것을 알게 해주시니 고맙습니다. 당신이 저를 만드셨으니 저는 온전한 사람이며, 제가 그 사실을 믿습니다.

제가 저 자신을 조건 없이 사랑하도록, 그래서 제 사랑을 다른 모든 사람과 아름다운 지구별의 살아있는 모든 것과 나누도록 도와주십시오. 저 자신의 하늘나라를 꿈꾸고 거기서 인간의 영원한 행복을 맛보게 해주십시오. 아멘.

창조주 하느님, 사랑과 행복으로 충만하던 본연의 저를 기억하게 도와주십시오. 본연의 제가 되어 본연의 저를 표현할 수 있게 도와주십시오.

　이제부터 모든 사람을 당신의 메시지를 전하는 메신저로 알아보게 도와주십시오. 사람들의 겉모습 뒤에 있는 당신, 우리가 연기하는 이미지 뒤에 있는 당신, 모든 인간의 영혼 안에 있는 당신을 알아보게 해주십시오. 매사를 제멋대로 판단하는 저에게 본연의 저한테서 오는 메시지를 전하게 도와주십시오. 하느님, 저의 온갖 터무니없는 판단을 비롯해, 저 자신과 주변 사람들에게 전하는 거짓 메시지를 전부 내려놓도록 도와주십시오.

　제가 본디 천사로 창조되었음을 기억하게 하셔서 생명의 메시지, 기쁨의 메시지, 사랑의 메시지를 전하게 해주십시오. 제 영靈과 제 마음의 아름다움이 제 인생이라는 꿈으로, 인간이 표현할 수 있는 최고의 예술로 드러나게 해주십시오. 아멘.